この世じまいの“地図”を手にすればもう迷わない

あの世の歩き方

江原啓之

まえがき

さあ、旅の準備を始めましょう

みなさんは、あの世の歩き方をご存じですか？

そのように聞かれて「ええ、知っております」という方も、おそらく少ないことでしょう（笑い）。

しかし、あの世のことを知らずして、終活とか、死に方を決めるとか、正しい供養とはと問うのは、よくよく考えたらおかしいですよね。

旅に出るには、必ずガイドブックや旅のサイトなり調べて、地図を持って出かけるものです。そして行程なども考えておくものです。

人はいつか必ず死にます。当然のことですが、ならばもっとあの世のことを知っておきたくありませんか？

そして迷わない（彷徨《さまよ》わない）楽しい歩き方を知っておきたいですよね。

私はこれまで、いわゆる「あの世のこと」を伝えてきた第一人者です。最近その責任を痛感する出来事がありました。

それは私があの世に行ったときのことなのです。こんなことを世間で言うと、とうとう頭がおかしくなったと言われるところですが、幸い私は「あの世の話」をずっと伝えてきた人間ですから、正直に話せるのがうれしいです。

私はこれまでにも時々あの世を旅しています。当然ながらあの世は奥深く、本当に興味深い世界です。

現世から旅立って間もない人の世界から、現世で言うところのかなりの時を経て、また精神的なステージも高い世界から低い世界まで様々です。おまけに動物や人と深くかかわったペットたちの世界まであるのです。その様々な世界を、あの世の旅により、これまでにも垣間見せていただきました。

この本の中にも紹介していますが、子を思う親の姿。また親より先に旅立った子どもさんの世界。中でもたった一人で旅立ってしまった幼子の世界や、どうしようもない凶悪な人の世界まで、これまでのあの世の旅では、多くの勉強をさせていただきました。


そして今、すべての本文の原稿を終えて、まえがきを書こうとしていたある晩のことでした。私が就寝しようとベッドに横たわったあとのことです。身体がすっと、眠りとは違う、意識のある睡眠とでも言うようなものに入ったのです。この感覚は伝えることが難儀ですが、あえて記憶のある睡眠としておきましょう。

時空を超えて、突然に顕《あらわ》れたのが、今まで訪れたことのない場所でした。

そこはレトロな世界で、一見すると美しく、大きな日本家屋には長崎丸山の料亭「花月」のような雰囲気で赤い提灯がさがり灯され、また鹿児島にある「島津重富荘」によく似た建物と庭園。そして目の前には海のような大きな水辺がありました。

最初は海かなと思ったのですが、それは向こう岸もおぼろに見える大きな川でした。そして川の向こうに向かう、一本の砂利道がありました。

美しい日本庭園とは似合わないような道。まるで昔のフランスのモンサンミッシェルに続く引き潮に現れる道のよう。私はすぐにこれこそが三途の川だと理解しました。

実はあの世に何度も行っている私ですが、お恥ずかしながら三途の川は一度も見たことがありませんでしたので、「これが三途の川か」と感慨深く眺めました。すると向こうが現世、ここはあの世と理解しました。

また、庭園には赤い毛氈《もうせん》の縁台があり、そこには留袖姿の御婦人方30人ほどが歓談していました。

これは結婚式場のようだと思い、御婦人方に尋ねてみたのです。「ここは結婚式場ですか？」と。すると「そうですよ。ここは現世で夫婦《めおと》になれなかった人たちが婚礼をするところなんですよ」と。そして「目の前の道は何ですか？」と続けて尋ねると「三途の川から新郎新婦が渡り初めしてくるんですよ。それを見るのは、それはそれは醍醐味なんです」というのです。

醍醐味？　どのような醍醐味なのかと一緒に見学させていただきましたら、三途の川の向こうから、まるで狐の嫁入り道中のように、うっすらと姿が顕れ、だんだんと姿がハッキリと見えてきました。それはそれは幽玄な美しさでした。

そして留袖の御婦人方は、新郎新婦のあの世のご親戚だったようで、「綺麗よ！おめでとう！」と声をかけていました。

しかし、新郎新婦は美しいのですが、どことなく暗い印象でした。このおめでたい場なのにどうしてか、と私を案内してくださる存在感はあるのですが姿のない紳士に、「なぜ暗いのですか？」と質問してみたのです。

すると「よくごらんなさい。花嫁さんよりも花婿さんの姿の方が、暗く透けて見えるはず」と。確かにそうなのです。その理由は花嫁さんは亡くなっているのですが、花婿さんはまだ現世にいるからだそうでした。

この結婚式場は、結婚式直前に事故などで夫婦ともに亡くなったり、どちらかが突然亡くなり、それでも共に強く結婚を望んでいるカップルや、わけがあって婚礼ができなかったり、また結婚を反対されて心中したりといった人たちの晴れの場なのだそうです。

「生きている花婿さんは、現世でどのような感覚なのでしょうか？」と問うと、結婚式をしている夢を見ているに違いないと。

ですからどこか暗く、なんとなく現世的な想いの強いエナジーから、ここはあの世の中でも非常に現世に近い場なのだと理解しました。

私は一番現世に近いあの世に初めて訪れたので、非常に学びになりました。建物や景色など、絵に描くこともできるほどリアルです。

結婚式を感慨深く見学していたら、私の御案内役の人が、「目的の場に参りましょう」と建物の中に入りました。

赤い絨毯敷の広いロビーがあり、その奥に進むと、なんとなく500人ほど収容と思われるホールがありました。その椅子も赤いベロア張りで、とてもレトロ、ヨーロッパの劇場のようにおしゃれでした。

そうか、ここは複合施設なんだと、この場を理解しました。すると御案内の人が「これから講演会をしてもらいます」と私に言うのです。

「えっ！　現世に生きる私が、なぜ、あの世で講演会をしなければならないのですか？」

と困惑して質問しますと、こちらの世界に来ても、なかなか疑い深く頑固で、せっかくのお迎えの人の言葉に聞く耳を持たない人や、戸惑いゆえに不安定な心になる人もいて、死後のことなら江原啓之から聴きたいという人もたくさんいるから、そのために私に働いてもらいたいということだそうなのです。

なるほど。私もあの世の話を伝えて30年以上になり、テレビ雑誌などで「スピリチュアルといえばこの人！」と、第一人者として活動していましたから、私をご存じでお亡くなりになった人もたくさんいらっしゃるでしょう。

死んで間もない人のなかには、確かに私の話の方が聴きやすかったり、私の書籍の読者さんや講演会の常連さんだった人もたくさんいることでしょうから、素晴らしいあの世の采配と思いました。

会場は、大盛況の雰囲気なのですが、しかし、どれほどの人数のお客様がいるのかはよく理解できませんでした。時空を超えて奥の奥のずっと奥まであるような不思議な空間でした。

そして拍手や大喝采もあり、なんと私は死後の世界について、講演会をまるまる一本行ったのです。現世で言う90分。正直疲れました(笑い)。何を話したのか、すべての話の内容まで覚えています。

私が話を終えて講演会も終わりましたあと、観客一人一人にどこからともなく、お迎えの人が顕れ、お互いに顔を見合わせ納得したようにほほ笑み、それぞれがお迎えの人とともに一緒にどこかに消えて行かれたのでした。

するとまた最初のようにガランとした赤いベロアの美しいホールに戻りました。御案内役の方から「お疲れ様」という言葉を賜り、私は、せっかくだからもう少し中を見学して帰ろうかと思いましたら、また建物の外に案内され、再び三途の川の前に来たところで、なんと現世に帰らされてしまったのでした。

すぐに目を開けて、しみじみとその学びをかみしめました。

それにしましても、あの世は奥深く広い世界です。様々な時代も国もあり、この世同様のものはすべてあります。私はやがて来るあの世への帰省が楽しみになりました。

もちろん、あの世は正しい差別界です。誠実に懸命に生き抜いた人でなければ、素晴らしい世界にはいけません。しかし、今回の結婚式のように、この世では理不尽と思われる不幸や苦しみも、あの世では報われるのだという事実を知ることは、大いなる救いになりました。

新型コロナウイルスに悩まされるこの時代。生と死を誰でも身近に感じていることでしょう。

老若男女みな、死は他人事ではありません。

死を考えるとき、不安や恐れもあることでしょう。死ぬのが怖いと小さいころから苦しみましたという人もたくさんいらっしゃると思います。

だからこそ、この書籍では、明るく楽しい本当のあの世の話をお伝えしながら、必要な終活や、役に立つ供養をお知らせいたします。

もうこれであなたは迷わない。

あの世の歩き方を手に入れたのですから。

目次

第3章 あの世の謎

第6章
ささっとこの世の未練を断ち切って

第7章

お金のゴタゴタをなくそう

第8章

「あぁ面倒」と思ったあなたへ

第9章

死に方について考えよう

第10章 究極のミニマル成仏を目指して 235

【あとがきにかえて】

第1章

あの世への歩き方

あの世ツアーのガイド

人生は旅です。

しかも、たましいの視点に立って考えてみるとその旅はとても長い。この世の旅が終わっても、またあの世を旅するからです。

ところであなたは、あの世でどんな旅をしようと思っていますか？

そう尋ねられても、「あの世ってどんなところなんだろう……？」と首をかしげるのが、たいていの人の反応かもしれませんね。

知らない土地に行くのなら、ガイドブックを開いて、イメージを膨らませなければ、いざ行ったとしても、どこをどう歩いたらいいか、まごついてしまいます。

そう、旅する前に必要なのは、旅先のリサーチ。あの世の知識なくして死ぬのは、地図も持たずに旅に出るようなものだ、と断言いたしましょう。

本書の前半は、死んだあとに必ず行くあの世について、とことん紹介するあの世のツアーガイド。ようは「死んだらどうなるの?」がわかるということ。

大きな流れは、臨終 ↓ 目覚めとお迎え ↓ あの世の暮らし。

では早速、あの世の旅の始まりである「臨終」から出発しましょう。

ツアーからはぐれないよう、しっかり着いてきてください!

旅の始まりは臨終

臨終はこの世の人生の締めくくりであり、あの世の旅の始まり。とてもドラマチックなものだと私は思います。

けれども多くの人が抱くのは、こんな心配かも。

「臨終のときって、苦しくないのかな……」

答えを先に申し上げると、苦しくはありませんので、どうぞご心配なく。

臨終のときのたましいは、睡魔に襲われてとっても眠い状態。死の瞬間はスーッと眠るような感覚で、苦しみはありません。

もしかするとお身内の臨終に立ち会ったとき、「意識はないはずなのに表情が苦しそうだった」という場面に遭遇された方がいらっしゃるかもしれません。でも見た目と違って、当の本人は苦しくなかったので、安心なさってください。

じゃあ、なぜそんな表情に見えたのか。

専門的な言葉で説明すると、私たちには、たましいと肉体をつなぐ目に見えないシルバーコードというものがあります。「死」というのはシルバーコードが切れて、たましいと肉体が離れることを意味します。

ところが意外に、と言っては不謹慎かもしれませんが、肉体が丈夫だったりすると、死を迎えようとしても肉体とたましいを結ぶシルバーコードがなかなか切れないことがあるのです。

たましいは早くあの世に行きたい。でもシルバーコードが切れない。

「うう～ん、どうしたものか！」

と、身悶える。まるで手を使わずに服を脱ごうとしても、うまくいかず、もがくのと同じように……。

これが苦悶に満ちた表情の理由です。

もしかすると、シルバーコードがなかなか切れない理由は、体の丈夫さだけではないかもしれません。

私の母はがんでしたが、死ぬ間際の1週間ほどはずっと昏睡状態でした。心臓が強かったというのもあったと思いますが、当時15才の私を遺していくことが未練で、なかなか死ねなかったのかもしれないなと、今なら思います。

この世の人たちは表面的なものしか見ないので、苦悶に満ちた表情イコール「苦しそう！」と思うかもしれませんが、ただの思い込みに過ぎません。

それはどんな死に方でも同じで、たとえ事故死でも、自殺でも、死の瞬間は苦しくないのです。

ただし、死の間際であっても意識がある状態では、やはり息苦しさや、どこか体の痛みを訴えることはあります。

自殺の場合は、自らで死ぬという行為をするとき、死にきれないなど、意識のある状態が続くことで苦しみを感じます。ですから「苦しくないなら自殺してもいいんだ」などとは、決して思わないでください。


ちなみに臨終のとき、意識はなくなっても耳だけはたましいに直結しているように聞こえています。

どういうことかというと、耳元で言葉をかければ、死にゆく人にはちゃんと聞こえるということ。肉体からたましいが離れつつあるので、鼓膜で聞くというのとはちょっと違いますが、耳を通して声は届き、たましいにはリアルに聞こえています。

実際、臨終のときに声をかけたら、意識はないはずなのに反応するかのように涙を流したという例はいくつもあります。

また臨死体験などでは、夢見心地の中で家族の呼ぶ声が聞こえて引き返したら生還したというケースがあります。

これも実際、家族の声かけが届いたからなのです。

よくある質問

あの世とこの世は行き来できる？

【そもそもあの世には死なないと行けないの？】


余命わずかになって、「死んだおばあちゃんに会った」などとあの世のことを言い出すケースがあります。周囲の人は幻覚だとか、意識が混乱しているだけなどと思うかもしれませんが、あの世とこの世を行ったり来たりして、実際に会っていることが多いのです。

でも、実は亡くなる直前でなくとも、あの世には誰でも行っています。睡眠中に、しかもしょっちゅう。

もともとたましいはあの世からこの世に来ているわけで、寝ている間にあの世に行くのは、一時的な里帰り。睡眠で肉体を休めている間にシルバーコードがつながったたまま、たましいはあの世でエナジーチャージをしています。

亡くなった親しい人に会った夢を見たことがある人は多いですが、本当にあの世で会っているからなのです。

かといって、あの世で会った人のことをいつも夢で覚えているわけでもありません。なぜなら、先に亡くした愛する人や子どもに、実際にあの世で会っていても、目覚めたときにいっそう寂しさが増し、後を追いたくなることがあるから。そうならないよう、わざと忘れる場合もあるのです。

私たちはたまに里帰りしないと、いざ死んであの世に帰ったときに、すぐには順応できません。死に近くなればなるほど睡眠時間が多くなり、あの世に行ってふるさとのことを思い出す時間が増えるのも、こういう理由から。

とはいえ「睡眠時間が多いイコールもうすぐ死ぬ」とは限りませんのでご心配なきように。

目覚めればそこはあの世

あの世の旅のスタートは、苦しみはなく、眠るように始まります。眠りの次にやってくるのは目覚めです。といってもウトウトした状態で、もちろん「死んだ」という意識はまだありません。

この寝ぼけ状態のときに起こしてくれる人が、いわゆる「お迎え」。一体、どんな人がお迎えに来てくれるのか!?

すでに亡くなっている親や祖父母など家族の場合もあれば、愛する人とか、身近な人とか、バリエーションはさまざま。

天涯孤独だし、自分を迎えに来るような人はいないと思っている人であっても、守護霊の導きでお迎えはちゃんと来るので大丈夫。例えば産土《うぶすな》の神といって、この世に生まれたときに関わった土地の神様という場合もあるほどです。

つまり、まったく見知らぬ人というパターンもあり得るわけですが、不思議なもので、見知らぬ人がお迎えに来ても違和感はありません。

自分のたましいに縁のある霊界の誰かであることは間違いなく、たましいの奥底でちゃんと理解できるのです。

いずれにしても共通するのは、自分が素直になれる相手が来ること。目覚めたときにお迎えの人がいて、「あら、懐かしい」とかなんとか話しながら、「あれ？　どうしてこの人がいるのかな。もしかして自分は死んだのか？」と、ようやく気づくわけです。

しかし、いくら縁のある誰かがお迎えに来ても、否定する人はいるもの。「そんなはずはない」「あり得ない」「これは夢に違いない」

この世でも事実から目をそらし、自分の都合のいいようにこじつけたり、理由づけて否定したりする人がいるように。目の前のことですら受け入れない頑固さは、あの世に行ってもそう簡単には変わらない。するとせっかくのお迎えも受け入れず、そして死んだという事実にも気づけない。

このような人たちが、いわゆるこの世をさまよう霊となってしまうわけです。

もちろん、本人たちだって「さまよっている意識」はゼロ。死んだことに気づいていないのだから、それも当然で、リアルに生きていると思って暮らしています。心霊用語で言えば、この世は「現界」で、さまよう霊たちがいるのは現界と重なり合う「幽現界」というところ。重なり合ってはいるものの次元は違うので、この世の人からしてみたら気配は感じるけれども見えなかったり、幽霊として見えたり、などということが起きるわけです。

ここでひとつの疑問が。

お迎えに来た人は、「あなたは死にましたよ」と教えてくれないのか？

霊界は何ごとも強制しません。わざわざ「こういう状況ですから、こうしましょう」などと、細かく指図はしてこないと思ったほうがいいでしょう。

なぜならすべて自ら気づくことが、たましいの学びであり、とっても大事なことだから。

お迎えに来るなど、霊界はある程度のサインは出してくれているわけで、そこで気づけるかどうかは本人次第ということなのです。

死んだことに気づかないと旅が進まない

せっかくのあの世の旅が幽現界止まりでは先に進めない。

じゃあ、自らの死に気づくか、気づかないか、さまようか、さまよわないかの違いは何なのか？

それは頑固か、素直かという点だけ。

頑固に自分の考え方を固守する人は、事実に気づかずさまよう可能性があります。

素直に聞く耳を持ち柔軟に考えられる人は、「もしや？」と気づいて死を自覚する可能性が高いということ。

だからもし、あなたがすでに「頑固だよね～」とか、「どうして素直に人の意見に耳を傾けないの？」とか、人から言われているならば、黄色信号点灯中と思いましょう。


人はいろんなことについこだわってしまいがちです。

オカルト好きだったり、精神世界にハマっていたり、はたまた宗教的な考えにとらわれていたり。

例えば、キリスト教を熱心に信仰している人なら、天に召されるときは天使が迎えに来ると思っているかもしれません。仏教だったら、観音様が雲に乗ってやってくるとか。

もしそう思っていて、「その通りのお迎えが来なかったら、どうする？」というハナシ。

「天使が来ないから、まだ死んでいない」などと思うかもしれません。自分の思い込みや思い違いに気づけない人は、さまよう霊になる可能性大なのです。

ただ、霊界もなるべくその人が受け入れやすいように、配慮してくれるようです。天使が来ると思い込んでいる人には、天使の姿をしたお迎えをよこしてくれる可能性もないわけではない。

でもそれに賭けるより、この本を読んで「へ〜、そういうこともあるのか」ぐらいに受け止める素直さや余裕を持っておけば、あなたのこの先の旅路も、大きく変わります。

何より「私のお迎え、誰かな？」なんて思うと、ちょっと楽しみなことではありませんか？

自分の最期を見る!?

あの世に行ってから、自分がどんな最期を迎えたのかを見ることがあります。臨終の場で家族が悲しんでいる姿をアーカイブのように見たりするのです。

あの世には時間と空間の概念がないので、とてもリアルに感じます。

しかも、そのときに家族が抱いた悲しい思いや、葬儀で友人たちが故人に向けた「あなたは死んだんだよ！」という念も、受け取ることができます。

そうやってだんだん自分の死を自覚するケースもあるのです。

しかし、ここで落とし穴が！

臨終の場面がリアルなだけに、「えっ、なに、なに!? どうして？」とパニックになる人がいるのです。

そうなると、お迎えが来ても目に入らずスルー。

この世で頑固な人は、あの世でも頑固。この世でパニックになりやすい人もそのまんま。

ということは、少しでも自覚のある人は今から改善したいもの。

想定外のことに遭遇したとき「さて、これはどういう状況かな？」と冷静に観察し、「どのようにとらえたらいいだろう」とあなたは理性の眼で見られますか？

コラム

なぜ死後の世界がわかるのか

なぜ、私が死後の世界をこうやってお話しすることができるのか。

ひと言で言えば、死後の世界とのつき合いが長いからです。

私が最初に霊を視たのは10才のとき。防空ずきんをかぶった親子の霊でした。子どもながらに「霊って、本当にいるんだろうか？」と考え、勇気を出して話しかけたら会話ができた。そんなふうにして始まった霊との交流。生きているときの個性が残った、一人格としての霊がいることを理解し受け止めると、そこからスイッチが入ったように、さまざまな霊たちと関わるようになったのです。

といっても当時関わったのは、いわば幽現界でさまよっている霊たち。事故で亡くなった霊から、人を馬鹿にしてふざけてくる霊までいろいろで、ときには苦しめられたりもしました。

ところが18才を過ぎたとき、私の守護霊がもたらしたビジョンを視てからは、さらに幅が広がりました。

以来、それまで相対していた幽現界の霊とは違って、高次に広がったとでも言うのでしょうか。

そして霊的な世界の勉強をし、訓練したことに加え、もう一つ大きいのが、15年に及ぶ個人カウンセリング（現在カウンセリングは休止中）を通して、たくさんの事例を目の当たりにしたことでしょう。

この世の人たちの相談事と真摯に向き合いながら、さまざまな亡くなり方をした霊たちからのメッセージを、多くの相談者につないできました。

今は亡き人の、生前の姿を彷彿とさせるメッセージは、人は死して死なないこと、あの世の旅がどういうものかをまさに知ることでもあったのです。

もちろん、私があの世のすべてを知っているわけではありません。カウンセリングでの霊視を通してさまざまな死に方、死後の旅路を見聞きし、多くの心霊研究レポートなども学んで、だいたいわかってきたというだけのこと。

あの世の霊たちもあの世について語るときは「あくまでも自分が見てきたことだけですが」と謙虚です。

ですから私は今も、あの世とこの世を学んでいる最中なのです。

死の瞬間は苦しいの？

事故で亡くなった場合、死の瞬間の苦しみはもちろんありません。どんなに大きな事故でも、亡くなるときは眠るような感覚ですし、あの世でうつらうつらしながら、だんだん目覚めていくのも同じです。が、いわゆる即死と、そうでない場合とでは、目覚めたあとの気づき方に少しばかり違いはあるかもしれません。

どう違うか。即死のほうが死後の目覚めが遅くなります。気づかずに幽現界をウロウロしてしまうことがなきにしもあらず。

「これはどういう状況？　そういえば、事故に遭いそうだったかな？」と最後の記憶をなんとなくたどる。思い出すうちに「ひょっとしてもう……」と死を自覚したり、お迎えに気づいたりして、ようやくあの世にいることがわかってきます。

即死ではない場合は、最後の記憶が「うわっ、事故に遭う……、遭っちゃった！痛い」というもの。大ケガをして亡くなっても、もちろんあの世ではケガも痛みもないのですが、目が覚めても「血だらけだ、どうしよう」とか「ヤバイ、ケガしちゃった！」とパニックになりやすいのです。

しかし「ケガはどうしたのかな？　身体はどうなっているんだろう」と冷静になれれば、「もしかして……？」と、お迎えの導きに気づいたりもできるのです。

認知症によって、徘徊先で事故に遭ったり、誤嚥で亡くなったりする場合もあります。

もちろん本人は死のうと思って徘徊したり、誤嚥したりしたわけでもなく、死は結果に過ぎません。家族の方は、苦しかったのではないかと悔やむかもしれませんが、認知症であっても、死の瞬間は眠るようで、苦しみがないのは同じです。

私はよく肉体は乗り物、たましいが運転手と表現しています。認知症は、その肉体の誤作動が原因。運転手がちゃんと運転しようとしても、乗り物が誤作動を起こしてうまく走れない状態です。

ですから肉体がないあの世で目覚めたたましいは、もう認知症ではありません。

類は友を呼ぶ「波長の法則」というのがあります。自分のまわりはろくでもない人ばかり。それは自分がろくでもない人だから、という法則ですが、あの世でもそれは同じです。

死を自覚してもなお、頑なさを捨てきれない人もいます。そういった人は、同じように頑なな人ばかりがいるところへ行きます。そして他人の頑固さを目の当たりにして、ふと我に返る瞬間がある。「これって自分も同じじゃないの?」と。

その気づきが大事で、自分を客観視できるようになり、ようやく頑固から脱却でき、新たな旅が始まります。これを「たましいの成長」や「浄化」と言うのです。

あの世の旅の行き先を決めるのは、自分。願わくば死んでからではなく、生きているうちに改善し、少しでも成長しておきたいもの。だって、あの世の行き先がうんざりするような人だらけのところなんて、イヤでしょう?

自殺したらやり直し

自殺したあと、たどる道はどうでしょうか。

例えば、自殺した霊が「まだ死ねていない」と思って、何度も自殺しようとする様子は、私も霊視で視ることがあります。「死にたい」という頑なな思いにとらわれ過ぎて、死んだという現実さえ見えなくなってしまうのです。

苦しさから逃れたかったのに、死んでいないと思って、何度も自殺しようとしたり、また同じような苦しみを目の当たりにするなんて、望んでいないはず。

それに、自殺してからも、「波長の法則」で、自分と似たような人たちと一緒に過ごすなんて、想像するだけで辛いこと。

自殺しても必ず浄化はしていきます。けれどもいずれ浄化するにせよ、長い道のりなのは想像に難くありませんから、自殺はしないほうがいいのです。

イヤなことから逃げたり、何かを途中で投げ出したりした経験は、誰だってあるでしょう。

生きていれば、逃げたとしてもまたチャレンジできます。

何度も逃げ、また何度もチャレンジするからこそ、学びを得たり乗り越えたりもできる。

それに、価値があるから生きるのではなく、生き抜くことに価値があります。

自殺してしまえばそれを放棄することになる。そして、死んでから必ず自分が途中放棄したことを反省します。

自殺は、この世での自分の学びをすべて、途中でやめてしまうこと。

やめてしまったら、学びができるまで、生まれ変わってもまた同じようなシチュエーションを味わわなければなりません。

私はそんなのは絶対にイヤ。チャレンジして生き抜いて、次に生まれるときは今とは違うシチュエーションを生きたい。

だから自殺だけはしません。何があっても！

この世から届く思い

この世の人の思い、念というものは、あの世に届きます。でも、「あの世に行ってしまったら、この世の人がいくら冥福を祈ってくれてもわからないんじゃないか」と思うかもしれません。大丈夫。この世の人が込めてくれた思いや祈りは、エナジーとして残ります。アーカイブで自分の死を見たりするように、必ずなんらかの形で、あの世でそのエナジーを吸収するときがくるのです。

不思議に思うかもしれませんが、あの世は時間と空間を超越した想念の世界。物質なら時間の経過とともに消えることもあるけれど、逆に想念の世界だからこそ、思いのエナジーは残ると言えるでしょう。

思いや念はとても大事です。この世で、あの世の人を懐かしんだり、冥福を祈ったりすることだけでなく、「お葬式に行かなくちゃね」「死んじゃったけれど、あの世できっと見ているんじゃないかな」と、亡くなった人に寄せた思いも残りますし、そんな場面をあの世の本人も見ています。

言葉も聞きます。その念が届いて、己の死に気づくこともあります。それほどに込めた思いは重要なのです。この世の人の念をエナジーとして受け取り、あの世で「あぁ、そんなふうに思ってくれていたんだ」と理解する。ならばネガティブな思いも届くのか？　もちろん、届いてしまいます。

昔の人は「死んだ人のことを、悪く言わないの」などと言いましたが、それは正解。「あいつ、サイテーだったよね」なんて悪口もエナジーとして残り、あの世の人に伝わってしまうのです。

ただ、そのエナジーを受け取って、「自分って、そんなにサイテーな人間だったのか」と気づいて反省するとしたら、ひとつの学びになるかもしれませんが……。だったら悪口ではなく、相手のためを思って、本人の正直な姿を教えてあげればいい。キリスト教のお葬式などでは、家族や友人が、亡くなった人がどんな人だったかエピソードを交えてスピーチしたりしますが、とてもいい習慣だと思います。

愛を込めて「頑固な人だったね」「ホント、素直に人の言うこと聞かない人だったよ」と言われたら、あの世で自分を見つめる学びもできそうです。

第2章

あの世巡り

新生活スタート!

あの世の旅ガイド、ここからはあの世での暮らしに突入です。

心霊用語で言うところの「幽現界」で学びを得てから移動して、「幽界」というところで始まる、新生活とでも言いましょうか。

よく幽界の下の世界、上の世界などという言い方をするのですが、ハッキリ言って、自分がいざ死んで、「私ってば、下の世界に来ちゃったな」とか、「やった!上のほうだよ」なんてことは、わかりません。

上下はわからなくともそれぞれの世界を知っておいて損はないので、お話ししましょう。

まず言えるのは、幽界は心象風景の世界。自分の心を投影する感性の世界だということです。

例えば、朝焼けと夕焼け。どちらも似ていますが、印象が違いますね。晴れ晴れとした朝焼けと、どこか寂しい夕焼け。

上の世界は朝焼けで、下の世界は夕焼けのような感じです。心持ちが暗い人を「影のある人」などと言いますが、幽界も下の世界になればなるほど、どんどん陰気な暗さが増すのです。

明るさにグラデーションがあるように、幽界のなかでハッキリと境界線があるわけではありません。自分の心の投影にあわせ、明るさも含め本当にたくさんの風景があるし、心が変化すれば、明るさも居場所も変わっていくのがあの世です。

私は幽界で、寂しげな夕暮の道をただひたすらに歩いている人を視たことがあります。「なぜ歩いているのですか?」と尋ねると、その人はこう答えたのです。

「私は生きているときに、ゴールに向かって地道に頑張るという経験をしてこなかったのです。だから今、歩きながら地道さを味わい、自分を振り返っているんです」

夕暮のような風景のなか、こんな人にも会いました。レンガを積む男の人です。

何をしているのか尋ねると、「娘が家をほしいと言っているんだよ」とおっしゃる。どうやら家を建てるためにレンガを積んでいるよう。

推測するに、この世にいる娘さんがお父さんの遺影に向かって「家が建てられますように」とでも言っているのでしょう。

そしてお父さんにも「生きているときには、娘のために何もしてやれなかった」とか、「人に貢献しない生き方だった」という思いがあるのかもしれません。

この世からの念と、人生の見つめ直しが相まって、たそがれのなかのレンガ積みとなったわけでしょう。その姿を視てこんな思いもわいてきました。亡くなった人に気軽に願いごとをするものじゃないな、と。

あの世の風景を知ると、この世でしていることが、あの世の人に良くも悪くも届くのだということがわかります。本当の供養が何かということも。

さて、他にも幽界で視たいろんな風景があるので、お伝えしていくことにします。

政治家も説教女将も、おります

あの世の下の世界は、ひと言で言えば俗っぽいところ。死んだとは思えないような光景をよく目にします。

例えば下の世界にいる霊ほど、身なりを整えています。冬になればコートを着るという感じで、衣替えもします。でもよく考えたら、季節なんてないのに……。肉体がないのだから、もう食べなくてもいいのに食べたりするし、寝る必要もないのに寝るという習慣も続けたりします。

時期が来たら衣替えしなくちゃとか、お腹が空いていなくても食べるものだとか、寝ることが安楽だとか思っている人は、死んだからといってその習慣をすぐに変えられないのでしょう。だから住まいを見つけようとしたり、家賃を払うために「働かなくちゃいけない！」と思ったり。

それもこれも想念の世界だから。世俗の習慣や、思い込みそのままに、自分が思ったところで思ったように暮らし始めるというわけです。

仕事がアイデンティティだと思っている人は、この世にはいっぱいいます。そんな人たちは、あの世でも働いて、お金を得て、お店で買い物をし、お金を払ったりもします。だから、あの世にもお金はあります。本当はあの世でお金なんていらないのに、お金がすべてだと思っているから気づかない。デパートで買い物するのが生きがいの人は、あの世でもショッピングばかりしているし、「お金を持つべきだ」「家を買わなければ」と思っている人は、そのままの暮らしをしようとするのです。

そしてこの俗っぽい世界には、政治家や宗教家がたくさんおられる。この世と変わらず、たすき掛けなんかして街頭演説。「今さらあの世で選挙？」と思うけれど、理由は明確。世のため、人のために働いたからではなく、「政治家という仕事」がしたくて政治家をしていた人なのでしょう。だから死んでも政治家をやらないと気が済まない。

ほら、この世にいっぱいいるでしょう？　それらしき政治家が！

あの世の行き先は、自分が決めると前述しました。類は友を呼ぶ「波長の法則」はあの世でもあると。

きっとこういう政治家と同じような政治家がいっぱいいるでしょうから、あの世でも「あ、〇〇先生！」なんて言いながら、派閥を作って群れているに違いありません。

宗教家というのもなかなかやっかいです。

私が視たのは、あの世の温泉宿のようなところにいる女将さんらしき人。脱衣所で、その女将さんが懸命に仏教やお釈迦様のことを説いている場面です。彼女は懸命に仏教の考えを説教していますが、ちっともその内容が耳に入ってこない。

その温泉場で私は亡くなった父と〝再会〟していました。父はこう教えてくれました。

「ほら、見ておけ。ああやってひとつの思想に凝り固まると、いつまでもそこに立ち止まって、なかなか真実を受け入れられないんだぞ」

私が視たその温泉場は、脱衣所はあるけれど着替えたという意識はなく、瞬時に温泉に入っているシチュエーションになりました。しかもお湯という物質はないのに、ちゃんと温泉に入っているように気持ちがよく、湯気まで出ている。

その不思議な感覚は今でも忘れることができず、「あぁ、これがあの世か」という気持ちになったことを覚えています。

このように下の世界というのは俗っぽく、生々しい感情を持った人たちが行くところ。ずっとそこに留まって、買い物をしたり、食べ物を食べたり。

そんなことを延々としているうちに「これ、おかしくない？」と気づき始めます。食べ物だって、実際に物質を食べるわけではないので、この世の感覚とは違う。ひとつずつ何かが違うと気づき始め、「お金っているの？」「食べなくていいんじゃないの？」「ショッピングばかりしていて、何になるの？」と心境にも変化が。

それは習慣や思い込みなどを含めたこの世の執着を、ひとつずつ捨てるようなもの。気づくごとに、ちょっとだけ上の世界に移り、上の世界に行けば行くほど、俗っぽいものを捨て去ります。「眠ることなどもう忘れました」という境地にも至る。上の世界は明るくなると言いましたが、肉体も捨て去って、自分も明るい光だけになる感じ。それが浄化するということなのです。

よくある質問

お線香やお経は霊に届く?

【あの世の霊にはこの世で供えるお線香の香りや、お経を読む声が聞こえるの?】

あの世に行った人の供養として、お線香をあげたり、お経を唱えたりする方は多いと思います。物質的なものがそのままあの世に届くというのではありませんが、お線香やお経になじみがある故人なら、「お線香あげてくれたんだ、うれしい!」「お経もちゃんと聞こえているよ。ありがたいね」と喜びます。

でもお線香やお経での供養をありがたく思うのは、やっぱりその習慣にこだわりを持つ下の世界の霊たち。亡くなってすぐの、まだ俗っぽい霊であると言えるかもしれません。

あの世の学校

亡くなった母とあの世で対面したとき、母が私に言いました。

「あの世にも学校みたいなところがあってね、そこに行っているのよ」

私が「学校ってなぁに?」と尋ねると、

「そこであの世のことを学ばなくちゃいけないからね」と言うのです。

そして視たのが、教室のような雰囲気の光景。机があって、黒板もあります。どうやら亡くなってすぐは、あの世のことをまず勉強するようです。


でも母が教えたかったのは、学校のことではありませんでした。

「この人、同級生なの」と言って、50~60代の実直そうな男性を、母は紹介してくれました。亡くなって、同じようにあの世の勉強をしているという意味で、〝同級生〟と言ったのでしょう。

「サラリーマンだったんだけど、気の毒な人なの」と、母。

よくよく話を聞くと、彼は社会に出て懸命に働き、洗濯機だ、冷蔵庫だ、カラーテレビだと、家族にいろんな物を買い与えていたそう。そこで死に、今になって「なにひとつ自分の人生を生きていなかった」と気づき、反省しているのだとか。日本の高度経済成長期にはそんな人がたくさんいたのでしょう。じゃあ、家族のために働いた人生なのに、どこが気の毒かって？

物を与えるだけが本当に家族のためと言えるのか。人生から物質を取ったら、自分には何が残るのか。自分自身の人生の充実は何か。ちゃんと考えて生きているか。

と、母は言いたかったようです。懸命に働き、生きたはずが、物質だけ追って何も残らない人生だったとあの世で気づくのは、切ないことこのうえない。私はそう思ったのです。

職人たちの工芸村

私は、あの世で〝工芸村〟を訪れたことがあります。どんなイメージかと言うと、昔の暮らしを模したテーマパークにある時代村といった雰囲気。

そこでは足袋職人など、いろいろな職人がそれぞれ古民家のようなところに暮らし、足袋を作っていたり、糸を紡いだり、工芸品を作っているのです。

きっとこの世でも職人だった人たちなのでしょう。

それにしてもいったい何のために、あの世でも職人を続けているのか？

理由を考えて、思い浮かぶのはふたつ。

ひとつは文化工芸の伝統技術を、後世に繋いでいきたいという強い思い。あの世でも真摯に仕事を続けている、職人の鑑のような人たちだろうということです。

実は「文化や芸術、伝統技術を守り、伝えていきたい」というあの世の人たちの念は、この世にいる人たちの思いとシンクロします。

この世でも、職人技を熱心に、誠実に継承する人たちはいるわけで、思いは同じ。

あの世とこの世が相対関係となって、つながる瞬間があるのです。「突然、インスピレーションがわく」などと言いますよね。それは、あの世とこの世がリンクして、どちらかが投げた念を、どちらかが受け取る、というようなことが起きているから。だからインスピレーションも「偶然ではなく必然」なのです。

そしてもうひとつ。黙々とろくろを回すとか、ひたすら糸を紡ぐとか、無心な作業は一種の精神統一とも言えましょう。心が研ぎ澄まされ、自分自身の内面と向き合う瞬間がある。なんとなくわかるような気がしませんか？

この「精神統一」は、あの世の旅の重要な目的でもあります。次で詳しくお話ししましょう。

旅の目的は何？

地道に歩く人、気の毒なサラリーマン、職人、下の世界で世俗にまみれている人も含め、あの世のいろいろな場面で出会った人たちは、みんな何をしていたか。

行動はさまざまでも、共通するのは、誰もがそれまでの生き方を振り返っていたこと。そして、気づきを得ていました。

これこそがあの世の旅の目的。振り返って、己を見つめ、それまで気づいていなかった部分に気づき、反省しながら変わっていくことが!


あの世では、自分を見つめ直すために、この世で送った人生すべてを振り返ります。

「そんなの覚えてないも~ん」とうそぶいても、たましいには〝アカシックレコード〟というものがあって、覚えていないことまで見せられます。

「それは何ぞや?」とお思いでしょう。アカシックレコードは、生まれてから死ぬまでの行動はもちろん、言葉や思いまですべてが記録されているもの。

例えるなら、飛行中のすべてを記録している飛行機のブラックボックスのようなものです。もちろんそういう「物」があるのではなく、あくまでもイメージの話。

例えば自分のクセというのはふだん意識していないぶん、指摘されて初めて気づいたときは「まさかこんなところがあると思わなかった」と驚くやら、恥ずかしいやら。まるで「自分で自分が見えた瞬間」のように思えますよね。

アカシックレコードには、自分がまったく気づいていないことまですべて記録されていて、それを見れば、今まで知らなかった自分の姿を知ることができるのです。


これはこの世でのお話ですが、私は、たまたま出掛けたデパートでこんな人を見かけました。

きちんとした身なりで、一見すると優雅な奥様風。たった1個の商品を、店員さんとずーっと長話しながら買っていました。翌日、別のデパートに用事があって出かけると、またもや同じ女性が、同じようにしていたのです。

もちろんデパートで吟味しながら買うのは悪くはない。ですが、どう見ても「悠々自適」とか「人生を謳歌している感」はないのです。「空虚な心を満たそうとするための買い物」ではあるまいか、と気づいた私。

そして「この方はあの世でどんな暮らしをするのだろう。やっぱり、自分で気づくまで同じことをしているんじゃないかな」と思わずにいられませんでした。

想像するだけで怖いこと

「あの世でアカシックレコードを見る」と聞いて、「絶対イヤ！」という人、けっこういます。

わかります、わかります。私も想像するだけで怖いですから。アカシックレコードを見るまでもなく、すでに自分で気づいていることもいっぱいあります。「あ、やっちまった！」ということが。

それでも素直に謝れなかったり、自分を客観的に見るのは難しいですが、こんな方法もあります。それは自分に縁のある人をよく観察することです。

私も、自分と出会う人は、「あぁ、この人のこういうところ、自分にもあるんだな。だから縁があるんだろうな」と気をつけています。

特に「うわ、反面教師にしなくちゃ！」と思うような人。悪い出会いだと片付けず、「学ぶべきことがいっぱいあるなぁ」と、ありがたく受け止めます。自分の反省すべきところを映し出してくれていると思うと、出会うすべての人に感謝したい気持ちにさえなります。

だから、「アカシックレコードが怖い」「あの世で見たくない」という人は、その気持ちをまず大事にして。それは自分の言動を冷静に見られる視点を持っている証拠。その視点があれば生きているうちに必ず学ぼう、変わろう、としますから。

地獄の話

あの世に地獄はあるのか、とよく聞かれます。

地獄という場所はありません。でも地獄と呼べるところはあります。

どういうことか。古い地獄絵図にあるような、地獄の釜とか、血の池とか、火あぶりとか、そういう場所はありません。でも、あの世は心象風景の世界ですから、地獄のような心で生きている人には、地獄と呼べるような場所になるということ。

例えば、自殺した人にとって、苦しい気持ちのままあの世に行ったら、そこはやっぱり苦しいままの場所でしょうし、夜叉のように生きている人なら、あの世も夜叉のような人たちだらけの世界。

アカシックレコードを見ては、自分自身がしたことが恥ずかしくて、顔から火が出る思いにもなる。だから火あぶりになることはないけれど、似たような心持ちにはなるかもしれません。そこで自分のイヤな部分にも気づくわけです。言い方を変えれば、そうでもしないと気づいたり、変わったりできないということ。

だからそれは、「地獄に墜ちる」とか「バチが当たる」とかではなく、たましいを磨くために必要となる人もいる、大事な学びの場なのです。

劣悪たましいはあの世の〝警察〟へ

この世には「あまりにも酷い」というような犯罪が起きることがあります。身勝手でまったく改心の様子がない犯人。残念ながら、劣悪な性格の人というのはいます。そんな人が改心しないまま死ぬと、霊になってもろくでもないままです。

ろくでもない霊は、あの世の警察や刑務所のようなところに収監されます。

とはいえ、この世の警察のように交番があるとか、そういうことではないので、あくまでたましいの視点でご理解を。

あの世の〝刑務所〟では改心するまで絶対に逃げられません。人のせいにし、世の中を恨んで、いくら自らを正当化しようとしても、必ず自らを見つめ、反省しなければならない。しかも時間の概念がなく、刑期のない世界で。

言えるのは、あまりに劣悪なたましいは、あの世であってもまず収監され、自分を見つめ直して反省するまで進めないということ。更正しなければ、浄化の旅のスタートラインに立つことさえ許されないのです。

サナトリウムで癒しを

あの世にはサナトリウムのような場所があります。ざっくり言えば、たましいを癒すところ。どのような人がいるかというと、長い闘病生活を送っていた人、寝たきりや車いす生活が長期に渡っていたような人、この世で言うところの障がいを持っていた人などです。

あの世では肉体がないので、歩けなかった人も、もちろん自由に歩いたりできます。しかし、あの世に行ってすぐは、この世の感覚をひきずっていますから、「歩けない自分」「寝たきりの自分」という思いのままでいることも。

だから引きずった思いや戸惑いを癒したり、長い闘病生活の苦しみなどから解放されたりすることが必要になるのです。

そんな癒しの場所、サナトリウムのようなところには、看護師さんのような人もいます。実際に身体を動かすトレーニングをするわけではありませんが、たましいをサポートしてくれます。

戸惑いを乗り越えて癒された人はみんな、歓びを感じるようです。

私が、足が不自由なまま亡くなった人を霊視すると、「こんなに歩けるようになりました！」「ほら、足が動くんですよ」とうれしそうに見せてくれます。

サナトリウムには、この世で引きこもっていたり精神を病んだまま亡くなった人もいます。

混乱したままあの世に来ている場合もあるので、まずはたましいを落ち着かせる癒しが必要。たましいが純粋に理解できるようになるのを待ってから、自分を見つめる旅に出るのです。

どんな子も幸せな保育園

あの世でさまよっている子どもは、ひとりもいません。

親がいなければ寂しいんじゃないかと思うでしょうが、保育園のようなところがあって、お世話してくれる保育士さんのような人もちゃんといるので大丈夫。

私が霊視したとき、そこには柔らかい積み木やボールなどカラフルな遊具がいろいろあり、子どもたちはみんな楽しそうに遊んでいました。若いお母さんたちが子どもを抱いたり、膝に乗せたりしてあやしてもいました。

ただ、お母さんたちの色合いが子どもたちとは違っていることに、私は気づきました。そのとき「あぁ、このお母さんたちはこの世でまだ生きているんだ」とわかったのです。

つまり、そのお母さんたちはこの世では睡眠中。肉体を休めている間に、たましいはあの世の我が子に会いに来ていたのです。

お子さんを亡くした親御さんはよく、「夢にすら出てきてくれない」と言いますが、本当はちゃんと睡眠中に会っています。前述（26P）のように目覚めたときに寂しさが募るから、夢で会っても忘れるようになっているだけです。

この世で子どもの霊がいるのを視ることはありますが、さまよっているのではありません。親や家族が悲しみに暮れて、生活もままならないような状態だと、心配して来てしまうようです。

せっかくあの世に行こうとしても、この世の人が、あの世の霊の足を引っ張り、浄化を遅らせてしまうこともあるわけです。

残念ながら、育児放棄をし、睡眠中の面会にも来ない親もいます。でも、親でなくてもその子を思う誰かが、やはり睡眠中に会いに来ていますし、あの世で世話をしてくれる霊たちもたくさんいるので、子どもは寂しくはないのです。

亡くなった子はどの子もみな、この世にいる親や家族の幸せを願っています。親から虐待を受けた子ですら、その親の幸せを願っています。

なぜそんなことができるのかといえば、素直なたましいは浄化が早く、この世の親よりも霊的に成長しているから。霊性で言えば親より子どものほうがずっと高く、この世の事情や親の未熟さも全部受け止め、理解しているのです。

この世では心が痛む子どもの事件や事故も起こります。ただ、どんな亡くなり方をしたとしても、あの世で苦しんでいる子どもは、ひとりもいません。みんな安らぎのなかにいます。

あの世でさまようのは、大人だけ。

大人にはこの世への執着、言い換えれば煩悩があるけれど、純粋な子どもには煩悩はない。この世の子どもたちを見ていてもわかりますが、友だちとケンカしても、すぐに仲直りしてしまいますよね。素直だから引きずらないのです。

素直かどうか、執着があるかないかは、あの世の旅を楽しくするか否かのポイントのようです。

よくある質問

あの世でわが子に会える？

【子どもを亡くした経験がある。自分が死んだら、あの世でその子に会えるの？】


自分が死んだとき、先に亡くなったわが子が会いに来てくれることがあります。まるであの世に先に来ている先輩として、後輩のお世話をしてくれるかのように、手を引いてあの世を案内してくれることも。

じゃあ自分に流産した子がいるとしたら、あの世で会っても顔がわからないのではないか、と思うかもしれません。

不思議なことに、ちゃんとわかります。死んであの世に行くと、誰もがたましいの存在として理解するようになって、「この子、どこか懐かしい……あ、自分の子だ!」と気づくのです。

今は寂しいと思っても、いつか会える日が必ず来る。あの世があるということは、とても幸いなことだと思います。

私の死後の世界

あの世のいろいろな場所を巡ってきましたが、イメージが膨らんできましたか?

私はあの世について語っていると、だんだん楽しくなってきます。旅行の話をしていると旅行が楽しみになってくるのと同じ。それにあの世は心象風景、想念の世界ですから、自分が好きな世界に行けるのです。

さて、どんなところに行こうかな。

心霊研究の文献を調べると、洞窟や岩屋のなかで精神統一している霊もいたことが記されています。う～ん、私ならば絶対、岩屋はない。と、これは却下。だって他の霊が訪問してきたときに、しめ縄を張った洞窟や岩屋の奥から私が出てきて「やぁ、よく来ましたね」なんてどうです？　あまりに出来すぎでイヤでしょう？（笑い）

同じ自然のなかだったら、ログハウスみたいな、少しおしゃれなところがいいな。部屋にはデザインのいい椅子一脚と、フロアスタンド一台、できたら置物を載せるサイドテーブルもほしい。そんなインテリアの整ったところで精神統一していたいですね。

みなさんもどんなところで過ごしたいか、自分の死後の居場所を明確にイメージしてみてはどうでしょう。

その心象風景通りの場所に、行けるかもしれませんよ。

第3章

あの世の謎

家族一緒の時間

あの世を巡っていると、いろいろな疑問もわいてきます。ここからはその謎にも迫っていきましょう。快適な旅のためのヒントや心構えが見つかるはずです。

夫が先に亡くなり、あとに妻が亡くなったりすると、遺族は「今頃、あの世で仲良く暮らしているかしらね」などと想像するかもしれません。

こんなふうに、仲の良かった夫婦があの世で一緒に過ごすことはあるのでしょうか。

基本的にはないけれど、まったくないわけでもない、というのが私の答え。

あの世の旅はたましいが自分を見つめるための旅。だから基本的には、それぞれが自分の心象風景のなかで精神統一しながら過ごす孤高の世界です。

でも、この世で共に過ごしたかったのにその時間が短かった場合など、ある期間だけ一緒に過ごす家族もいるようです。

どういうケースかというと、結婚したばかりでどちらかが早くに亡くなってしまったような場合です。

例えば、私の両親はあの世に行ってから、ふたり一緒に暮らしていた時期があったようです。私があの世にいる父と最初に〝面会〟したとき、昔話に出てくるような古民家に、母と一緒にいたのです。

そのとき、父は私に何か説教をしようとしたのですが、それを察知した私は「早くに死んで、何も知らないくせに！」と、父に減らず口をたたいてしまいました。

その様子を見ていた母は「もう、この子は！」と、泣きながらいなくなってしまい、父もスーッと消えてしまいました。不思議な親子の対面でした。

思い返してみると、父が亡くなったのは私が4才のときですから、両親がこの世で夫婦として過ごした時間は長くはなかったでしょう。だからあの世で、そんな時間が与えられたのかもしれません。

古民家での対面以降、私は父と母、それぞれに会うことはあっても、両親が一緒に過ごしている様子を視ることはなくなりました。夫婦で過ごすときが終わり、きっと別々に、己を見つめるあの世の旅に出たのではないかと思います。

この世では、理不尽な別れを経験する家族もいます。でも遺された家族があの世に行ったときは、また集まれる期間がきっとあると思うのです。霊界の計らいによって。

よくある質問

この世でできなかったことはあの世でできる？

【この世でしたいことができないまま亡くなるのは未練が残るが、あの世でできるだろうか？病気がちで旅行に行けなかった。】


この世でしたかったことを望めば、あの世で同じような経験を味わうことはできます。

子どもを産みたかったのに叶わないまま亡くなった方は、あの世で子どもの面倒をみる役目を得ることが多いようです。あの世の保育園で子どもたちのお世話をする保育士さんたちは、そんな方たちでした。

長い闘病生活で学校に通えなかった、友だちと遊べなかった、という子どももも、あの世では、学校生活を送るような経験もできます。

あの世では瞬時に行きたいところに行けるので、この世でできなかった旅行もし放題。苦労なくどこにでも行けます。ただ、あの世での風景は見るものすべてがこの世よりもずっと美しい！ と気づくと、わざわざこの世でするような旅行をしなくてもよいと思うようにはなりますが……。

あの世で会いたくない人、会いたい人

よくある質問がこれ。

「あの世では、会いたくない人には会わなくていいのか」

さんざんいびられたしゅうとめだの、揉めて別れた夫や、口うるさい妻だの、も

う二度と、しかもあの世でまで会いたくないのでしょう。

大丈夫、会う必要のない人には、会いません。

だって、ひとりで孤高に過ごすのがあの世だから。


ところが、会いたくない人でも会いたくなることがあるのが、あの世。

前述のように、素直になった末にすべてを理解したあとは、どこか乗り越えたような、例えるなら卒業のような感じ。

「好き、嫌い」、「会いたい、会いたくない」といった感情は越えて、反省や謝罪に必要な面会はしておきたいと理性で考えられるのです。

するとこの世でうまくいかなかった人、憎んでいた相手とも、「会っておいたほうがいいよね」「会って話したい」「ちゃんと謝りたい」と思うに至るわけ。まるで激しい試合が終わって、ノーサイドの笛とともに選手同士が握手するように。


そしていざ会うと、それぞれが己を見つめて自らの未熟さや至らなさに気づいているから、とってもスムース。

「私が悪かった」「いや、私もこんなところが至りませんでした」「いやいや私も……」と、お互いに謝り、譲り合ったりするような会話が繰り広げられるのです。

なんとなく会いづらい人というのもいるかもしれません。

例えば、自らの過失が原因で亡くなった人とのあの世での再会。

もちろん悪意で殺したわけではなく心から申し訳ない気持ちがあっても、会うのはちょっと怖い、でも、それをも乗り越えられるのがあの世。ノーサイドであることは同じで、その境地に至ると、懐かしさのほうが強くなります。

だから安心してあの世で再会できるのです。

ちなみに、会いたい人とはもちろん会えますのでお楽しみに。

でも基本的にはひとりで自分を見つめる旅なので、ずっと一緒に過ごすわけではありませんからあしからず。

また、亡くなったペットとも再会できます。ペットなど動物には、人間とは違うあの世があって、旅路も違いますが、人間と同じように面会は可能。

ペットに対して「飼い主として至らなかった」と謝りたい場合も、やはり言葉は必要なく、あの世ではエナジーでわかりあえます。きっと懐かしさとともに会えるでしょう。

何をすれば成仏できるか

素直にわびる気持ちがわいたり、会いたくない人とも会っておきたいような気持ちになったりする。それは言い換えれば、赦《ゆる》すという気持ちになるということではないでしょうか。

「成仏っていうけれど、どうなること?」「どうしたら浄化できる?」という疑問の答えがこれ。

すべてを赦すこと。人を赦し、自分を赦すことです。

あの世の下の世界は、心象風景として暗いところ。それは赦せない気持ちにとらわれて、自分の心を暗くおとしめているからでしょう。

それでも、タマネギの薄皮が1枚ずつはがれるように真実が少しずつ見え、暗闇から次第に抜け出せます。

会いたくなかった人とも会って、赦せるようになると心だって軽くなる。

重かった心が軽くなり、目の前が明るくなるというのは、自分も赦されるということでは？

だから、すべてを赦し、自分も赦されることがたましいの浄化、成仏なのです。

しかも赦すということは、イコール執着をなくすこと。恨みつらみを手放し、人に対しても、自分に対しても執着がなくなるのだから。

あの世の旅を続け、いつしか気づけば上の世界へ家移り。下の世界では暗くてぼんやりしていたのが、上に行くほど明るく、視野が広がって、クリアにもなる。

そうすると、今いる世界や自分しか見えなかったのが、この世のことまでよ～く見わたせるようになる。近視眼的な見方から解放されると、自分がこの世に生まれた理由も、生きてきた人生の意味もすべて理解できてしまう。

「骨は海にまいて」とか「嫁ぎ先のお墓には入りたくない」なんて言っていたことも、「もう、何を言っていたんだか！」と、まったく執着がなくなっていることでしょう。

こだわりも、苦しみも、コンプレックスも、恨みもなければ、心の痛みも、一切なし。なんと幸せなことか！

そこまで行ったら、次は一体何を思うのか。さらにお話を続けましょう。

幸せな世界の先は

さぁ、いよいよあの世ツアーも終盤です。

長い長い旅を続け、先に進むと、心地よい光あふれる安らぎのなかで過ごせます。ずーっと幸せのなかにいると……、またこの世に生まれて〝修行〟したくなるのが人たるもの。

だって、マラソンとか、サウナとか、苦しいのになぜやるのかと思うけれど、苦しさを乗り越えた達成感は格別だからでしょう。

この世に生まれ、生きることも同じ。

安楽に過ごすのがいいと思いながらも、わざわざ苦しいことを望んでしまう。それもこれも、乗り越える歓びを知っているからです。

そりゃあ、あの世に行ってすぐは、苦しみも痛みもないし「新天地に来た！」という気持ちですから、この世に戻りたいなんて思いません。

でもあの世の旅で自分を見つめ、気づき、反省して変わっていく。たましいを向上させていくと、安楽な世界を求めるより、「もっと自分を磨きたい」という気持ちも強まる。そしてまたこの世に生まれることを望むのです。

といっても、実際に生まれてくるとなるとあの世でさらなる道のりがありますし、何より相当の勇気がいる。だってあの世は居心地がいいし、この世はご存じのようにこんなに大変なところです。

だから今、私たちは試練を覚悟で生まれてきて、ものすごく頑張っている状態。せっかくそんな苦労をしているのですから、何十年か生きて、「ほんのちょっとしか進歩しなかったなぁ」とあの世で思うのはあまりに悔しい。

どうせこの世にいるなら、もう十分と言えるくらいいろんなことを経験して欲張って生きよう、とも思うのです。

OB・OGからのメッセージ

あの世の霊たちが、私たちに向けるメッセージは何かというと、

「悔いなく生きたほうがいいよ」

これに尽きます。

亡くなった人たちは、いわばこの世の卒業生で、ＯＢやＯＧ。先輩として後輩に向ける言葉は、「自分たちを反面教師にして生きなさい。同じ轍を踏むなよ」ということ。それが「悔いなく生きよ」の意味。

個人カウンセリングをしていた頃、「死んだおばあちゃんはあの世で元気ですか」「おじいちゃんは成仏していますか」という質問をよく受けました。でもあの世の旅ガイドで見てきてわかるように、そんな心配は無用と言えましょう。

それどころかＯＢ、ＯＧは一様に、「それより、自分が今を充実させて生きて」と、この世の人を逆に心配しています。幼くして亡くなった子どもでさえ、この世の親が元気に生きることを願っているくらいなのですから！

人の一生は、多くの経験をするには時間が限られていて足りないかもしれません。だから小説を読んだり、映画やドキュメンタリーを観たりして、いろんな人の人生を知ることがとても役立つのではないでしょうか。
また、出会う人、縁のある人、身近な家族や友だちが見せてくれる学びもある。その人が味わってきた経験と感動を、貴重な宝として学ばせていただく。少しでも人の心の機微がわかったら、もっと自分の生き方も充実するのではないかと思います。

よくある質問

死別後の再婚、あの世で恨まれる?

【パートナーと死別したのち再婚したが、あの世のパートナーはどう思うだろうか?】

亡くなってすぐなら、まだ執着があるでしょうから「私のことはもう忘れたの?」というようなジェラシーもあるかもしれません。
でも、次第にあの世で浄化が進むとOBやOGとしての気持ちになり、「あなたの人生を生きてね」という思いが強くなります。愛すればこそ、「あなたが幸せになってくれてうれしい」と、再婚にホッとするのです。

いつか自分も亡くなって、あの世でパートナーと再会することもあります。「再婚しちゃったから会いにくい」と思うかもしれませんが、この世の人間関係のように、三角関係で大揉め、なんてことはありませんのでご安心を。

すべてを乗り越えて、お互いが感謝の気持ちを伝え合えるような再会が果たせるはずです。

すんなり旅立つための準備

あの世がどんなところか、イメージできましたか？

この本を読んだあなたのたましいには、ちゃんとあの世の地図が刻まれました。いつかあの世の旅に出たとき、「あぁ、これがそうなんだ！」ときっと思い出し、迷うことはないでしょう。

でも「これで安心してあの世に旅立てる」と思うのはちょっと気が早い。なぜならガイドブックを読んだだけでは、旅の準備は不十分だからです。

初めて海外旅行に行くときだって、着替えやら、パスポートやら、いろいろと準備しますよね？　それと同じで、この世でしておくべき具体的な旅支度について、これから考えましょう。

もちろんあの世へ行くのに、着替えやパスポートといった物を持つ必要はなし。必要なのは「たましい」と「物質」、ふたつの視点からの準備です。

たましいの視点で言うと、たくさんの経験と感動を重ねて、せっかく生まれてきたこの世での充実を少しでも増やすこと。

物質的な視点からは、お墓や相続などこの世にある物質に関することを整理して、執着を断つこと。

このふたつが揃ってこそ、あの世への旅支度がようやくできたと言えるのです。言い換えるならば、それは「この世じまい」。

さてここからは、あの世の旅を快適なものにするための「この世じまい」について、具体的にお話しすることにしましょう。

第4章

「この世じまい」という旅支度を

生きる気満々だからこその旅支度

先日、母の命日を迎えて私が思ったのは、「もし母が今も生きていたら、意外とぶつかって親子で揉めているかもな」ということです。

年をとった母が頑固になったり、いろいろ理解できない言動があったりで、「いい加減にしてくれないかな」なんて、腹のなかで思っていたのではなかろうか。

母のよい面を懐かしく思い出すのは、むしろ早くに亡くしたからかもしれません。

母が亡くなったのは私が15才のとき。もう41年も経ちました。

そう考えると、人生ははかなく、あっという間に通り過ぎる景色のようです。

親だけでなく同級生や知人など、すでにあの世に帰った人も少なくありません。

先日も紀州犬の大我《たいが》と散歩している途中で、ふと「みんな、あちらの世界で今頃どうしているかな」などと思いました。

しみじみとこんなことを言うと、そろそろ死にそうな人みたいに思われそうです。

あの世のことを考えていると、生きることや死ぬこと、人生そのものに対して達観したような気持ちがわいてきます。きっとある程度、年を重ねてきた方なら、共感していただけるのではないでしょうか。もしかしたらあの世のことを想像しているうちに、あなたもしみじみとした気持ちになったかもしれませんね。

たしかに誰もがいつか必ず死にますし、そういう意味では死へのカウントダウンは生まれたときから始まっています。

でも私は、まだまだ生きる気満々です。

だって、まだ見ていない人生の景色がいっぱいあるんですから。「見ないと損、損。もっと楽しまなくっちゃ！」と、焦っているくらいです。

これからの人生をもっと充実させて、しかもラクに生きていきたいのです。

もしかすると多くの人は、私を誤解しているかもしれません。「自らに苦行を課しながら生きることが聖人の生き方だ」とかなんとかエハラは思っている、と。

いやいや、せっかく生きているんだから、聖人だろうがなんだろうが心地よい暮らしをしなくちゃ！

さまざまな経験を通じて、喜怒哀楽という感動を味わうにしても、心地よさを感じて生きなきゃ、人生もったいないでしょう。あなただってそう思いませんか？

これからの人生を、いかに心地よく生きるか。それが本書後半のテーマです。「『この世じまい』って、終活のことじゃないの？」と、思った方、当たらずとも遠からず。

死を見つめることは重要。どのように死にたいかを考えることは、どのように生きていきたいのか、自分の人生を見つめることにつながります。

あの世のことを知って、生きながらにして成仏できるよう、少しでも人を赦し、自分を赦せるようになろうとか、アカシックレコードを少しでも恥ずかしくないものにしておこうとか、思ったでしょう？

今を充実させながら、精一杯生き抜かなければ、あの世の旅はいい旅にならないのです。

あの世に行ってからは霊界のシステムでツアー旅行できちゃうような感じで、心配することはあまりありません。ガイドブックも読んだことだし、いざ死んだときには、安心してあの世ツアーに出発すればいいだけ。

とはいえ、「死ぬことなんて考えたくない」「やらなきゃいけないと思いつつ、終活って面倒」と思っている人もいるはずです。むしろ大多数かも。

その気持ちを振り切って終活しようと自らの尻を叩いてみても、なかなか重い腰は上がらないもの。だったら「終活せねば」と身構えるより、まずは心地よく生きる方法を探ってみてほしい。

なぜなら「ラクに生きる方法を探っていくと、この世じまいも一緒にできちゃう」し、「人生の最期の瞬間まで幸せに充実する」からです。そこがただの終活とはちょっと違うところ。

目指すのは、心地よさを追求していったら、いつのまにかこの世じまいできちゃった。そして、充実した気持ちであの世に旅立つという最期の景色が見えた。結果、まわりに迷惑をかけず、「いい死に方だったね」とみんなにうらやましがられて大団円……という人生。

難しく考えなくても大丈夫。今、あなたが心地よくないなと思っていること、気になることをひとつずつ、私と一緒に整理し、クリアにしていきましょう。

そうしたら死ぬまで心地よく、もちろん死んでからも心地よく浄化の道を歩み出せます。たましいと物質、両方の視点からの旅支度も、難なくクリアでき、ついでにあの世からも「お疲れ様！」と、拍手で迎えられることでしょう。

ラクに生きたいならミニマル生活から

身のまわりの物を思い切って処分する片付け術は、近年のブームです。

「ミニマルに生きる」「シンプル生活」といった言葉がおしゃれに使われ、最低限の物しか持たずにすっきりした部屋で暮らす人の様子が、インターネットの動画サイトでも人気を博しています。

実は、私もそんな動画を見て、楽しんでいるうちのひとり。そして思ったのは、「生活をミニマルにすることが流行っているのは、きっと心の重荷をとりたいからなのだろうな」ということ。

この世は複雑怪奇。何が正しくて、何が悪いかがわからなくなったり、理不尽な出来事も多かったりで、とにかく疲れる。まともな心じゃ、もう生きていけない。だったら自分の身のまわりくらいスッキリさせて、ラクに生きたいと思うのも、無理はありません。

生きていれば、いろいろな重荷を背負うのが人というもの。生活をミニマルにするのは、その重荷を下ろすことに、一役買っていると言えるのではないでしょうか。死んだあとの遺品整理で、子どもたちに苦労をかけたくないからできるだけ物を捨てる……では今ひとつ気持ちがアガらない。

でも、明るく心地いい家で、自分が軽やかに暮らしたいからミニマル生活に。ついでに心の重荷もいつのまにかどこかに下ろしちゃって、人生もうひと花咲かせたくなってきた。こっちのほうがずっとやる気が出る。

しかもこれ、スピリチュアルな視点からも理にかなっています。

家の中に物があふれ整理されていないと、頭も心も整理されず、どんどんオーラがよどんでいきます。類は友を呼ぶ「波長の法則」で、よどんだオーラにネガティブなことが引き寄せられてくる。

ところが、片付けて掃除をすると、次第に頭の中も整理されて、とっちらかった考えも理性的に考えられるようになります。

家中をピカピカにすると、自分のオーラも浄化され、ポジティブな波長に変化していく。

「この家で気持ちよく生きられますように」という思いを込めて掃除をすれば、その念が家にもマーキングされ、家も心も明るくなる、といいこと尽くめ。

それを実感できるから片付け術やミニマルな暮らしは、ブームが続いているのでしょう。スピリチュアルな行動にもなってちゃんと実利が伴うのです。

この世じまいのポイント

この世じまいのポイントは、心地よさの追求です。

自分の心地いい人生はどういうものか。
自分の心地いいフィールドはどうしたら作れるか。
自分が心地よく生き、死んでいくには、何が必要か。

「自分が心地いいことを求めるのって、ちょっと間違えるとわがままでは？」と、一瞬でも思った方はなかなか鋭い。わがままなのは、自分さえよければいい、今さえよければいい、で身勝手に追求すること。

例えば、宇宙にロケットを打ち上げてみたけれど、回収することまで考えずに宇宙ゴミでほったらかしにしてしまうとか、放射性廃棄物の処理方法も開発していないのに、原発をバンバン稼働させるとか。

自分が死んだあとだって地球は残る。だったら未来の子どもたちが生きる環境のことまで考えた、始末ができてこその科学でなければならないはずが、大人のくせに、お片付けのできない幼稚園児以下の身勝手さで推し進める。

わがままとはこういうこと。

一方で「わがままでは？」と疑問を持った方は、とても冷静な人。

きっと「自分はこれが心地いいと思うけれど、誰かに迷惑かけていないかな」と、立ち止まって客観的に考えられる人ではないでしょうか。

この世じまいにつきものの、お墓や仏壇、お葬式、そしてもちろん身のまわりの品の処分について考えるときも、「誰かに迷惑をかけないかな」だけでなく、「環境にやさしい方法かな」という視点も忘れないでいたい。

そこまで考え、実践できてこそ、心地よさの追求なのではないかと思います。

さて、ここでちょっとブレイク。この世じまいと関係なさそうで実は関係があるチェックシートにまずは挑戦してみましょう。

◆この世じまいと関係あり！「迷信／本当」チェックシート

これって「迷信」？　それとも「本当」？　あなたが思うほうにチェックを入れましょう。

- □迷信　□本当　墓場で転ぶと霊が憑く
- □迷信　□本当　夜中に口笛を吹くと蛇が出る
- □迷信　□本当　生きているうちに墓を建てたら早く死ぬ
- □迷信　□本当　位牌を処分したら祟られる
- □迷信　□本当　墓じまいするとバチがあたる
- □迷信　□本当　お墓を改葬（移動）するとよくないことが起こる
- □迷信　□本当　ひとつの仏壇に他家の位牌を入れるのは亡くなった人に失礼
- □迷信　□本当　墓石が欠けたら頭痛が出る
- □迷信　□本当　鬼門にトイレがあると病人が出る
- □迷信　□本当　北枕は縁起が悪い
- □迷信　□本当　家を建てると死人が出る

□迷信　□本当　霊柩車を見たら親指を隠さないと親の死に目に会えない
□迷信　□本当　自分の死を口にすると寿命が縮まる
□迷信　□本当　分骨すると亡くなった人が成仏できない
□迷信　□本当　仏壇なしで位牌を置くと亡くなった人が落ち着けない
□迷信　□本当　墓石に染みが出ているのは不幸の始まり
□迷信　□本当　供養してくれる人がいないと成仏できない
□迷信　□本当　墓じまいすると家が絶える
□迷信　□本当　お墓がないと成仏できない
□迷信　□本当　葬儀場でお葬式をしないと成仏できない
□迷信　□本当　お坊さんにお経をあげてもらわないと三途の川を渡れない
□迷信　□本当　遺品を捨てるとバチがあたる
□迷信　□本当　値段の高い戒名をつけてもらうと成仏が早い
□迷信　□本当　南向きのお墓を建てると家が繁栄する

※結果については第5章から説明していきます。

第5章

お墓、仏壇、気にしなくていい迷信と因習

「そんなことで死ぬわけない」はずなのに

この世じまいがなかなか進まない大きな要因が、迷信や因習に縛られた心です。

「自分には子どもがいないし、このままだと先祖代々のお墓が無縁仏で放置されてしまうかもしれない。それならば自分の代で永代供養をして墓じまいしよう」と思ったものの、「そんなことをして本当に大丈夫かな……」と、ふと気になり先送りしてしまう人は、きっといるのでは？

頭の片隅によぎるのは、田舎で代々、言い伝えられていることや宗教的な因習かもしれないし、どこかで聞いた都市伝説のような迷信かもしれません。

これまでずいぶんと、いろいろな迷信や宗教的誤謬《ごびゅう》を排除してきた私ですが、まだまだだなと思う昨今。それほどに迷信や宗教的な因習にがんじがらめになっている人の、なんと多いことか！

種明かしをするなら、先ほどの「迷信／本当チェックシート」はすべて「迷信」が正解。「本当」の欄にチェックが多かったあなた、残念ながらがんじがらめ側の人ですね。

私は拙著や講演会で「家を建てると死人が出る」「霊柩車を見たら親指を隠さないと親の死に目に会えない」などは迷信だと、お話ししてきました。

けれど、いくら「気にしなくて大丈夫ですよ」と語っても、特に死にまつわることは、日本の穢《けが》れ文化とリンクして恐れがあるからか、根強く残っているようです。

いやはや、ハードルは高い。

チェックシートの「本当」欄にチェックを入れて、「え、だって聞いたことあるよ?」とまだ思っている人もいるでしょうね。例えば「自分の死について語ると、寿命が縮まって死が近づく」みたいなこと。よく聞きますよね。

理性的に考えれば、「そんなことで死ぬわけないじゃないですか。ハッハッハ」と笑い飛ばせるはずなのですが、どこかで「ありえなくないかも……」と思ってしまう。そして「縁起でもないこと言わないの!」とたしなめたり、たしなめられたり。ひとまず会話は終わっても、なんとなくもやもやが残り、迷信は迷信のまま残るというわけ。

こうなると私も「だまされたと思って聞いて！」と、言うしかありません。たしかにいい年になって、「いつ死んでも悔いのないように、これからは好きなことをして楽しむぞ」と宣言したとたん、病気になって意外と早く亡くなるなんていう話は、まったくないわけではない。

でも、これは「家を建てると死人が出る」という迷信と一緒。つまり、家を建てたから死ぬのではありません。知らず知らずのうちに自分の寿命を予知し、生きているうちに家族のために家を建てておこうと勘が働いた結果の出来事です。

同様にどこかで自分が死ぬことを予知し、余生を感じて「早く楽しんでおかなくちゃ！」と行動に出るのであって、死の話をしたから寿命が縮まったわけではない。

そもそもスピリチュアリズムで理論的に考えると、寿命は自分が生まれる前に決めてきた宿命。死の話をしたからといって、その時期を変えることはできません。

それに自分が死ぬことを話したからって、誰もが自分の死期を予知しているわけでもない。長生きしている人も、たくさんいます。つまり、迷信なのです。

迷信や因習の呪縛を解くことが、この世じまいの大きなポイントです。

「墓じまいするなんてバチが当たる」だとか、「先祖が悲しむ」「家が絶える」だとか、田舎の親戚やお寺の住職に言われても、気にせず墓じまいすればいいんです。

迷信より健康管理でしょ

人によっては、ふとこんな考えが浮かぶこともあるのではないでしょうか。

——死について考えたら早く死ぬのでは、とビクビクするくらいだったら、健康に気をつけて生活するほうがよっぽどいい。

このようなえらく現実的な考え方をする人に、私は拍手を送りたい。迷信や因習にがんじがらめになった人には、私も同じことを言うからです。

スピリチュアリストというのは、実はとても現実的なものです。

迷信を気にしてグジグジ悩んでいたら、この世の時間がもったいない！

それより、今できることをするほうがずっと建設的、というわけです。お酒をすごく飲むなら控えるとか、甘い物が好きなら食べ過ぎないようほどほどにしておくとか、タバコをやめるとか、運動をするとか。健康になるためにできることは山ほどあるはず。

こう見えて私も断食をしたり、毎日、歩くようにしたりと健康管理には気をつけています。心地いい人生にして、のびのびと自由に楽しく生きたいですから。

そもそもあの世のことを知ると、この世がいかにしちめんどくさいかが逆にわかります。霊的真理というのはとても公明正大ですが、この世はままならないものだから。ですから、霊的真理を土台としながら、郷に入っては郷に従うのごとく、この世の現実を見ていかなければなりません。

この世じまいは、とても現実的、実務的な方法で、幸せな老後をつくるためのもの。迷信は気にせず、もっと目の前の現実から始めればいいんじゃないでしょうか。

「ご先祖様が……」のウソ

それでもまだ「墓じまいをしたらご先祖様が怒るのでは……」「バチがあたったらどうしよう」と気になる人もいるでしょう。

私がかつて行っていた個人カウンセリングでも、代々のご先祖様を気にする人は大勢いました。でも本当はご先祖様うんぬんではなく、自分自身がお墓に対するこだわりが強く、墓じまいをしたくないケースが多かったようです。

なかには「墓を継ぐことは、跡取りとして認められた勲章」のように感じている人もいました。バチがあたるというのだって、自分かわいさからくる恐れですし、ようはご先祖様のためではなく自分のために悩んでいるわけです。

ハッキリ言えば「ご先祖様が」というのは嘘。

もちろん「ご先祖様」キーワードで、すべての悩みが嘘と決めつけるつもりはありません。でも、いくら私が、

「墓じまいをしたらご先祖様が怒って祟るというのは迷信です」

「スピリチュアルな視点から見ても、浄化が進んでいる霊ならば、物質的なお墓についてはこだわりませんよ」

「そんなに気になるなら、礼節としてお墓の供養は私の代で終わりにします、と墓前でご報告されては？」

と言っても、「でもうちの家系は代々こうで……」だの、「だって田舎の親戚がこう言っていまして……」だのと煮え切らない。

「名士と讃えられたご先祖様ですから、改葬して知らない土地に移すなんてできない。ましてや墓じまいで赤の他人のお骨と一緒にされたら、ご先祖様がどう思うか」

「あれだけ広い田舎の一軒家に住んでいたおじい様を、団地みたいな都会の狭いお墓に移すなんてかわいそう」

出るわ、出るわのご先祖様呪縛。こうなると呪縛はご先祖様ではなく、自分自身。

「ああでもない、こうでもないと悩むのが、あなたの趣味なんですね」

としか言いようがありません。逆に悩んでいるその状態が心地いいのでしょう。

冷たいですか？　それならばもうひと言だけ、アドバイスを。

もし、お墓に執着するご先祖様がいるかもしれないと思うなら「いつまでもお墓にこだわってはいけませんよ」と、逆にご先祖様を諭すぐらいのほうが、浄化の一助になるはず。あの世の俗っぽい世界にいたとしても、ハッと気づくでしょう。

バチが当たるとか、ご先祖様に怒られるとかいった己の保身からではなく、ご先祖様の浄化を心から思って語りかければ、きっと伝わります。

それに霊は、「地元の名士」だとか、「どこどこ出身の……」といったこの世の肩書きがあの世で一切通じないことなど、とっくに理解していますよ。

それ〝えん罪〟です！

迷信の多くにくっついている「祟る」や「呪う」のワード。でも、亡くなった人にしてみたらそれは、えん罪―無実の罪―であることが多く、よく考えたらヒドイ話です。

ある方は、実家のお墓を改葬することになったが、夢に亡くなったお母さんが出てきて「行きたくない」と泣いていた、と。さらに改葬当日は大雨で、「お母さんの泣きの涙に違いない。改葬してはいけなかったんだ」と気にしていました。

しかし詳しく聞けば、夢を見た本人は「先祖代々の土地でお墓の面倒を見続けることができずに改葬すること」への罪悪感があったよう。どうやら夢はお母さんからのメッセージではなく、本人の深層心理が見させた思い癖の夢という可能性が大。

そもそもお墓にたましいはいないですから「行く」「行かない」と言うのもおかしな話。しかも、亡くなってから日が浅くこの世への執着がまだまだ強いお母さんが、そのお墓に強いこだわりを持っているという場合でない限り、「行きたくない」などと夢に現れることはめったにありません。

仮に執着の強いお母さんが夢で告げてきたとしても、「この世の事情があるので、もう移りましょうね。今はそういう時代なんですよ」と言えば通じます。

じゃあ、あの大雨は何なんだ、と言いたくなるかもしれませんが、たまたま雨だったというだけ。きっとお母さんはあの世で「行きたくないなんて思ってないわ。えん罪よ！」と言っているに違いありません。

なんでもかんでも「メッセージに違いない」と関連づけて、間違ったスピリチュアルの沼にハマるのは不自由極まりないものですね。

仏壇はドールハウス!?

少子化が進んで、一人っ子同士の結婚は珍しくない世の中。例えば、妻の親が亡くなって、実家でお祀りしていた位牌を嫁ぎ先にお引っ越しさせることだってあります。

そこで生まれる悩み。

夫の家系の仏壇に、実家とはいえ他家の位牌がお引っ越し。さて、同じ仏壇に宗派も違う他家の位牌を居候させてもいいものだろうか。実家の親、ご先祖たちは肩身の狭い思いをしないだろうか。

これじゃあ、まるで仏壇がドールハウス状態ではありませんか。この場合、位牌がドールで、ハウスは仏壇。

私は以前から、

「たましいはあの世ですよ。位牌やお墓は、あの世へのアンテナのようなもの。何もなくても亡くなった人に思いは届けられますが、アンテナという対象物があったほうが念をこめやすいでしょう」

と、言っているのですが、みなさん、どうしても気になるよう。位牌がドールに思えて仕方ないのです。

では逆にお尋ねしたい。

他家の位牌を同じ仏壇に入れてはいけないのでは、と気にして位牌を処分するのと、一緒にお祀りして浄化を願うのと、どっちに愛がありますか？

供養の仕方だって、時代とともに変わります。かつては常識と言われた供養方法や古い因習は覆し、もはや次のステップに進むときが、今こそ来たのです。

この世にはこの世の事情があるのだし、了見の狭いことは、言っていられません。

これから少子化がどんどん進んだら、子どもや孫の世代はどれだけの家の位牌を受け継ぐというのか。あの世のたましいだって、そのあたりの事情は十分ご存じのはず。礼節を持って、それぞれのご先祖に「一緒にお祀りさせてください」と心で話せば、理解してくれます。

もちろん、他家の位牌を同じ仏壇にお祀りするにあたって、やるべき実務はある。それは記録に残すこと。

子どもや孫の代ぐらいまでなら「それってたしかおばあちゃんのほうのご先祖の位牌だよ」とわかっても、何代か先になって「この位牌、どなた？」となる可能性は高い。のちの子孫が困らないように、どの位牌が誰のものか、記録を書き残すことは大事でしょう。

自分が死んだあとのことまで考えてこその、この世じまいですから。

となると、別の方法も考えられます。

自分が生きている間は同じ仏壇で供養するけれども、自分が死んだあとはお寺で永代供養してもらうように手配をつけておくのです。これならば、子や孫に受け継がせる悩みはなくなり、いっそう安心というわけ。

では「自分は散骨希望でお墓はいらない。供養は位牌だけでいい」と思っている方、ちょっと待って。その位牌、先々はどうしますか？

供養をしてくれる人がいるなら、幸いなこと。でもお墓を引き継ぐのが面倒だと思う子どもがいるように、位牌や仏壇もあればあったでやはり揉めごとの対象になりがちです。

子どもが複数いたら、どの子の家に置くのかだって決めなければなりません。あるいは「うちは仏壇もないし、困る」「自分は子どもがいないし、先々の供養は続けられない」と、子どもが言い出すパターンも。

奪い合いになるか、押し付け合いになるかはわかりませんが、いずれにしても揉める様子が容易に思い浮かびます。できるだけ子どもたちに負担をかけないよう簡素にしようと思ったのに、やっぱり負担になったというのでは本末転倒ですね。

結局のところ、私がおすすめするのは、この世の事情や、供養とは何かということもすべて理解したうえでの、整理や処分です。

粗末にしていいということではなく、あとの人たちが困るくらいならば、自らでお墓も、位牌も、仏壇も、永代供養なりで閉じる道筋をつけるのがいいでしょう。

子どもがいようがいまいが、先々の供養をしてくれる人はいない。そのぐらいの立ち位置でいるほうが、潔くて心地いいのではないでしょうか。

仏壇じまいの悩み

以前、テレビ番組で「これ、ニホンのブツダンで～す」とアンティークの仏壇を飾り棚にしている海外の方が紹介されており、驚いた私。仏壇の中に人形などを入れてインテリアとして使っている様子に、「やめたほうがいいよ」と教えてあげたくなりました。

仏壇にたましいが宿っていないなら、別に飾り棚としてリサイクルしてもいいのではないか。単純に考えれば、その通り。たしかに仏壇は、あの世の霊へ思いを届けるアンテナに過ぎない。でも一度はアンテナになった、人が思いをアンテナに向けた、ということが問題であり、重要なポイントなのです。

この世の人は悲しいことがあると仏壇に向かって語りかけ、病気で辛いときも仏壇に向かって祈る。アンテナに向けた想念はエナジーとなって、仏壇に宿る。悲しみや祈りのエナジーは仏壇に残っているわけで、「それはどうするの?」という話。そのまま別の人が仏壇を使えば、宿ったエナジーに感応するかもしれません。悲しみのエナジーに感応し、心が重くなることだってあり得ます。以前の持ち主が病気で辛い思いを吐露していれば、そのエナジーを汲んで同じような病気の雰囲気になってしまうかも。

ここで「もしや仏壇に祀られていた霊の祟りでは?」と考えるのは間違いで、亡くなった人は関与していません。原因はアンテナになったがゆえの残存エナジーだからです。

仏壇を自分の代で処分する仏壇じまいでは、「閉眼供養(魂抜き)」というものがあります。

お寺などでお経をあげて供養をし、お焚き上げするというのが一般的な流れ。スピリチュアルな視点からすれば、亡くなった人のたましいうんぬんではなく、仏壇に宿った想念のエナジーを浄化するという意味合いです。

私がテレビで見たような使い方をする日本人は、まずいないでしょうから、リサイクルをしない仏壇じまいでは、必ずしもエナジーの浄化は必要ないと思われます。実は多くの自治体で、仏壇は粗大ゴミ扱い。が、そこはやはり今まで拝んでいたものをただゴミに出すのは忍びないわけで、ゴミだけどゴミにあらず。

ゴミで出しても災いはないけれど、自らの気持ちを浄化させるためにはお浄めの供養はしたいのが人情という、とてもグレーゾーンな位置づけになります。

じゃあ、供養したいと思ったとき、どこに頼むのか。考えられるのはお寺か仏具店。

菩提寺（お墓があったり、法要をお願いしたりしてつき合いのあるお寺）がある場合は、仏壇じまいの閉眼供養をお願いしてみて。もし諸事情により引き受けてくれなかったり、そもそも菩提寺がなかったりする場合は、同じ宗派の別のお寺に問い合わせるなど、いろいろ手間がかかるかもしれません。

仏具店では、古い仏壇のお焚き上げサービスを有料で行っているところもあるので、探してみるといいでしょう。

粗大ゴミといい、閉眼供養の各所問い合わせといい、少子化がすすむ現代だからこそ生まれてきた実状。供養の形が変わっていくのも仕方ないと思わせる時代の流れと言えそうです。

コラム

仏具店のお焚き上げサービス

仏具店では、新しい仏壇を購入すると、サービスで古い仏壇を引き取り供養してくれるというパターンが多い。仏具店によっては、新しい仏壇を購入しない場合でも、古い仏壇の引き取りと供養をしてくれるところも。

いずれも有料となる場合が多いが、問い合わせてみるとよい。

買っちゃったお墓はどうする問題

昨今の終活ブームで、「ついお墓を買っちゃった」という話はよく聞きます。自分が入るお墓がないと心配していた高齢の親が、いつの間にか勝手にお墓を買っちゃっていた。

霊園の見学だけと思って行ったら、眺めが良い場所が気に入って、即決しちゃった。でもよくよく考えたら、お墓を継ぐはずのわが子はまだ独身。いずれ結婚したとしても、相手の家の事情だってあるだろうし、子どもを持つかもわからない。せっかく買ったお墓はどうなるの……と新たな悩みが。

ここにこの世じまいの、もうひとつの大きなポイントがあります。

それは「後先を考える」ということ。

お墓に限りません。老人ホームに入り「終の住処も決まってスッキリ!」と思ったら、施設での人間関係がうまくいかずに出ることになった……なんていう話もありがち。将来を考えて行動したはずが、余計な悩みが増えることだってあるわけです。

お墓に関して言えば、今どきお墓をわが子に継いでもらおうと思っても、「お墓もらえるの？　うれしい！」と、喜んでくれる娘や息子がどれほどいるかは疑問。「面倒だからいらない」「遠くてお参りに行けないよ」「永代供養墓にして墓じまいしたら？」と、すげなく言われるのがオチでしょう。

最近は多くの霊園で永代供養の合葬墓が増えていますから、先々のことを考えて自分の代で墓じまいというのもアリです。

「私は再婚で、前の結婚のときに亡くした子どものお墓があります。再婚後の家系のお墓に入れたり、のちのち永代供養の合葬墓に入れても大丈夫？」

そう悩む人もいますが、前述の位牌と考え方は同じ。この世の事情をそれぞれのご先祖様に伝えればわかってくれます。複雑に思えても、迷信やこだわりを取り払ってシンプルに考えれば答えは導き出せるはず。

そこでいよいよ、つい買っちゃったお墓はどうする問題です。

「喜んで継ぐよ！」と手を挙げてくれる娘や息子、孫、はたまた甥や姪がいるならば、ラッキーです。お参りに来て「いい眺めのお墓でよかったね」と喜んでくれるなら、眺め優先で買った甲斐もあるでしょう。


しかし誰も手を挙げる人がおらず、永代供養の合葬墓にして墓じまいをしたほうが賢明だと思うなら、買っちゃったお墓は潔くあきらめましょう。

「まだ誰もお墓に入っていないのに、もったいない」「ン百万円もかかったのに」と言いたくなるのはよくわかります。でも「損して得取れ」という言葉もありますよね。後先考えれば、今は損だと思っても、その後の人生、家族みんながスッキリと心地よく過ごせたら得ではありませんか。


生き方上手というのは、いかに自分自身を上手にあやして生きられるか、です。

「お墓があると自分は心丈夫に人生を過ごせる」というのならば、それもいいでしょうが、自分を上手にあやせる範疇でとどめておいたほうがいい。

こだわりが過ぎれば、逆にそのことに縛られたり、恐れが生まれたりと、不自由になるばかりだからです。

死んでみたら、たましいはあの世に帰り、お墓に住むわけではないのは、本書前半でもうおわかりですね。

だから「あればあったでいいけれど、なくても大丈夫！」なのがお墓。

どういう選択をすれば自分が心地いいかを、よく考えてみましょう。

コラム

合葬墓、永代供養、墓じまいとは

合葬墓とは、ほかの人の遺骨と一緒にひとつのお墓に埋葬（合祀）すること。合祀墓、永代供養墓、合同墓、共同墓など呼び方はさまざまある。

墓標となる石や仏像、供養塔、樹木などが建ち、参拝スペースはその前側に、墓標の下や裏側に広い納骨スペースを確保している場合が多い。遺骨は土中に直接、あるいは袋に入れるなどして納められる。

ちなみに〇〇家之墓というような、家単位でお骨を納めて受け継いでいく従来のお墓は一般墓と呼ばれる。

永代供養とは、菩提寺や霊園などお墓の管理者に供養を任せること。年に数回、合同法要を行うものから、住職が日々、お経をあげるものまで供養の形は違う。納骨の際に納骨料や永代供養料などを払うと、その後の費用はかからないのが一般的。

最初から合祀しない永代供養もある。お骨を一定期間、安置したのち、合葬墓に移すという流れで、ビルの中の納骨堂などはこの形式が多い。安置の期間はまちまちで5年や10年などのほか、十三回忌や三十三回忌など仏教の回忌を節目にする場合もある。

墓じまいは、今あるお墓に入っている遺骨を取り出して、墓石を撤去し、更地にして墓所区画を菩提寺や霊園に返すことだが、取り出した遺骨を永代供養できる合葬墓などに改葬する（移す）までを含めて墓じまいと考える人が多い。

改葬には墓地のある自治体から発行される改葬許可証や、受け入れ先の墓地管理者から発行される受入証明書（墓地使用許可証）など、さまざまな書類や手続きが必要となるので計画的に行いたい。

お墓のお掃除サービス、頼んでいます

私はお墓のお掃除サービスを、業者さんに頼んでいます。自分で掃除できればいいですが、忙しくて定期的な掃除がままならないのと、時間が空いたときにサッと立ち寄って、気持ちよくお参りしたいと思うからです。

お墓はアンテナですから、汚れていてもご先祖様が文句を言うことはありません。掃除はお参りする側の気持ちの問題が大きいと思っています。

仏壇や位牌同様、お墓にたましいは宿りません。

たしかにお墓に遺骨があると、アンテナとして通信しやすくはなる。なぜなら心霊用語で言うところのサイコメトリー、その人が持っていた物でその人の状況を知るという技法を活用できるから。お墓は、遺骨を使って、骨の元の持ち主とも言える亡くなった人と通じるわけで、サイコメトリーの応用編なのです。

ということは骨に限らず、帽子やペンなど愛用の品でもよく、昭和の時代には遠い戦地で亡くなった人の遺品だけをお墓に埋葬することもありました。

けれど骨や遺品があると通じやすいというだけで、ないからといって通じないわけじゃない。いろいろな事情で遺骨がない、遺品もないという方のお墓でも、思いはちゃんと届きます。究極を言えば、お墓や仏壇に向かってじゃなく、空に向かってでも、なんなら今、この場でも通信はＯＫ。

忙しくてお墓参りに行く時間もないくらい働き詰めの人だって、「あの世のお父さん、私は元気で頑張っているから安心してね」と心の中で語りかければ、どこかからだって通信可能なのです。

だから私は「自分が毎日、お墓みたいなアンテナになっているのが、一番いいんですよ」と、講演会でも言っています。

あの世のたましいに届くのは思い、想念です。

一輪の花を、心を込めて供えたら、あの世ではあたり一面のお花畑がたましいに届く。逆に、いくら豪華な花束でも形ばかりのお供えだったら、まったく届かない。

そうなると「お墓と供養ってなんなんだ？」という根本的なことにも視点が向き

ますね。

さらに、「死んでまで、大嫌いなしゅうとめと一緒にはいたくない」と嫁ぎ先のお墓に入ることを拒んだり、「分骨したらその人は成仏できないんでしょうか」と悩んだりすることが、いかに的外れかわかってくるというもの。本質がわかれば、しゅうとめと一緒だろうが、赤の他人と一緒だろうが、自分の骨をどこにどう埋葬されてもいいんじゃないかと、まるで霧が晴れるようにクリアになるでしょう。

分骨だって成仏とはなんの関係もなく、やってもやらなくてもOK。

儀礼的に分骨を行う地域もありますが、それはそれ。こだわり過ぎなければ「地域の習慣に従う」ぐらいの気持ちでいいわけです。

問題があるのは、しゅうとめに対する恨みを浄化できていない心や、「こうじゃなきゃダメ」と形式にこだわり過ぎる頑固な気持ちだったりするわけで、これが浄化を遅らせる大きな要因、いわゆる執着になるのです。

分骨も、骨というより遺産相続がらみの欲がたいていはくっついています。

骨を持っているほうがお金も多くもらう権利があるとか、本妻と愛人の間で愛憎劇が繰り広げられるとか、何もドラマの中だけではない。

分骨そのものは浄化となんの関係もありませんが、揉めるとあの世の人も心配になってなかなか浄化できない可能性はあります。

もっとも、そんな愛憎ドロドロの様子を見たら、亡くなった人は「うわっ、もうさっさとあの世に逝こう」と逆にスピード浄化するかもしれませんが。

この執着というやっかいなモノについては、後の章で詳しくお話しすることにして、とにかく「お墓にたましいは宿らない」ことは、肝に銘じておきたいですね。

骨もサステイナブルな時代

実は私自身、すでにお墓を持っていることをちょっぴり悔やんでいます。

なんで建てちゃったんだろう……。

自己分析すると、早くに親を亡くしたトラウマで「親孝行ができなかったぶん、墓だけは建ててあげなきゃ」と思ったのです。

でも今なら、自分のお墓はなくてもいいと思います。もしかすると将来、合葬墓に移して墓じまいしちゃうかもしれません。

「合祀の樹木葬がいいな」なんて、思っているくらいです。

なぜ樹木葬かというと、これまで自然に生かしてもらったのだから、死んだあとはせめて土に還って、樹木の栄養にでもなりたいと思うから。

自然つながりでも、海に散骨は希望しません。生態系や環境を考えると、エコとは言えない気がするからです。いくら骨が粉末状態でも、海で溶けてなくなるわけではないでしょうし、じゃあ流した骨はどこにいくのだろうかと考えると……。

せっかく誰にも迷惑かけないように墓じまいをするのなら、環境にやさしい方法を選ぶのが、わがままではない心地よさの追求だったはず。土に還るほうがサステイナブルではないだろうか。

それにいつかきれいな花が樹木に咲いたり、近くに止まった鳥や蝶を見た息子たちが「あれはお父さんが鳥になって来たんじゃないか?」なんて言ったりしているほうが、あの世から見ても美しいでしょう？

コラム

樹木葬とは

樹木葬に明確な定義はなく、墓標が石ではなく樹木や草花になっているお墓というのが共通イメージとなっている。定義がないぶん多様化しているので、希望する場合は形式や費用なども含め、確認が必要。

そもそも遺骨は墓地以外の場所には埋めることができないので、樹木葬ができるのは樹木葬スペースのある墓地のみ。墓地ではない自宅の庭や好きな山に埋葬することはできない。

納骨場所は墓標となる樹木の下やまわりで、納骨は土中に直接埋葬、あるいは遺骨を袋に入れて埋葬するタイプが多い。一般的な墓石のお墓同様に、骨壺に入れた遺骨を埋葬するタイプもある。年月が経って遺骨が土に還ることを希望して樹木葬を選ぶ場合は、どのように埋葬するかを確認したほうがよい。

遺骨ペンダントの行方

最近は遺骨を加工してダイヤモンドにしたり、ペンダントにしたりする方法もあるのだとか。

もしあなたが「お墓の代わりに、自分の遺骨をペンダントに加工して、家族に持っていてほしい」と思っているなら、その行方を考えておいたほうがいいでしょう。

どういうことかって？　例えば、あなたがペンダントを受け継いだ側の立場になってみて。

親から受け継いだ遺骨ペンダント。なくしてしまったらどうします？

うっかりトイレに流してしまうことだってなくはない。

「お母さんの遺骨が流れちゃった……どうしよう!?」と、悔い悩んで生き続け、あげく「母はどう思っているでしょう。怒っているのでは？」と、霊能者に頼ったりするのは面倒このうえなし。

もし、なくすことなく大事に持ち続けたとして、いずれあなたが亡くなったとき、遺ったペンダントはどうしますか？

引き出しの奥にしまったまま亡くなり、いわれを知らない遺品整理業者の誰かが処分してしまうかも。あるいは、遺骨をペンダントにしたものだとわかって扱いに困り、お寺で供養してもらうべきかとさらに遺族が悩むことにもなりかねません。

お墓や形見の品と同様、物として残るものはその行方を考えておかないと、心の重荷になります。

もしかすると、すでに愛する人のペンダントを持っていて、扱いに困っている人もいらっしゃるかもしれませんね。そんなあなたに言っておきます。

トイレにうっかり流したり、どこかでなくしたりしたときは、散骨したと思ってください。いずれ誰かに処分されてしまっても、しょうがないとあきらめましょう。

形ある物はすべてなくなります。

形見の着物だって、虫が食うかもしれません。あなたの家が正倉院なら別ですが、よほどのことでもない限り、いつまでも保存できるとは限らないのです。

物は物でしかない。骨だって、しょせん骨でしかないと割り切る。そうシンプルに考える。たたき込む！　だまされたと思って心に刻み込む‼　それが心が軽くなる秘訣です。

自分の骨はもちろん、大事な物も、一切、誰かに譲り渡そう、遺そうなどとこだわらず、割り切って始末をつけると、死んでからもさまようことなく浄化できます。エンディングノートに書いたり、自ら生前契約なりで遺品整理の手配をしておいたり、この世への執着を断つ段取りをつけるのが、心地いいこの世じまい。浄化の近道なんですから。

よくある質問

形見の品を処分したら亡き親が悲しむ？

【親から形見にもらった時計。わが子は使わないと思うので、自分の代で処分してしまいたいが、親はあの世で悲しむだろうか？】

例えばこの親御さんが生前、人からもらった羊羹を1年も2年も、賞味期限が過ぎても大事に取っておくような、よっぽど物への執着が強い人だったら「まだ使えるのにもったいない！」と思うかもしれませんね。でも、それならそれで「いい加減にしなさい！　もうこの時計は処分しますよ」と、言ってあげればいいだけ。

あの世に行けば、物はただの物でしかないことを霊は理解します。だから形見の品を処分しても悲しんだりはしません。

親との関係性が濃い人は、親からの形見を処分するという気持ちになかなかなれないのでしょう。でも使わないとわかっていながらわが子に譲って、がらくた扱いされるくらいなら、自分で処分したほうが区切りがつくというもの。

あの世の親御さんも、悩みながらも考え抜いてくれたことを、喜ぶでしょう。物が残ったから喜ぶ、失ったから悲しむという物質主義ではなく、あの世は心、想念の世界だからです。

遺体は脱皮した殻のごとし

講演会でお墓や遺骨について「骨は骨。墓地はただのカルシウム畑」と私が言うと、会場は笑いに包まれます。

お墓や遺骨の悩みは、たいてい取るに足らないことです。言葉は悪いですが、「目くそ鼻くそを笑う」というヤツ。もっと言えば、蝉など昆虫が脱皮した自分の殻にこだわらないのと同じ。

不謹慎な言い方かもしれませんが、遺体だってたましいが脱皮した抜け殻。人間の場合は、脱皮したままそのへんに放置すると非常に困ったことになるので、なんとか処分してもらう。それだけのことです。

それぐらいまで気持ちをハッキリさせておけば、相当、生きるのがラクになるはずなのですが……。

自分が死んだあとで、わが子がどこかの新興宗教に傾倒し、自分（の遺骨）をその宗教団体の墓地に埋葬したとしても、私は文句を言いません。骨は骨に過ぎないからね、と割り切り、自分はさっさと、あの世で自分自身の浄化に励みます。

どこそこのお墓に入りたい。いや、入りたくない。石の種類はこれで、形はこうで、向きは南向きがいい。遺骨は誰それと一緒はイヤだの、でもひとりは寂しいだの。自分の遺骨の扱いに神経質になっているアナタ。じゃあ、美容室で髪の毛を切ったとき、その髪の毛も、全部、回収して持ち帰っています？　骨も、髪の毛も、あなたの一部分だったものですが……？

そこまでこだわったら、本当に窮屈な人生だなと思います。

ああじゃなきゃいけない。こうじゃなきゃいけない。そんなこの世のこだわりは必要のないことだったというのは、死ねばわかります。でも、死んでからわかるより、そろそろすべてのこだわりから解放されて、心軽やかに生きたらどうでしょう？

人類みな、きょうだい

時代が変わり、供養の仕方が変わったといっても、土台となる霊的真理は何も変わっていません。

あの世に行けば、肉体という物質がなくなるのですから、もはや性別も、人種も関係ないわけですし。逆にこの世のしがらみを取り去った、スピリチュアルな視点で考えるほうが、ずっとものごとをシンプルにとらえられるのではないでしょうか。

夫婦別姓や事実婚、同性婚も現実味を帯びてきました。近いうちに日本でもこれらが法的に認められるかもしれません。養子を迎えることがもっと当たり前になれば、もはや血のつながった家系とはなんぞや、ということに。

しきたりや家柄、宗教、宗派にこだわることなく、お墓も、位牌も、みんな一緒でいいよねと臨機応変になっていいはずですし、これからどんどんそうなるでしょう。今はその過渡期だと考えると、大事なのは後世の人が困らないように、記録に残すことだけ。

私もかつての個人カウンセリングで、「誰だかわからない人のお骨がお墓にあるのですが、どうしたらいいでしょうか」という相談を受けました。

お骨を土に還す形のお墓ならば、みんな一緒でいつしか自然に還るのでこんな悩みも生まれないでしょうが、骨壺に一人ひとりのお骨を入れて納めるタイプのお墓だとありがちなこと。だとしても骨は骨。人類みな、きょうだい。合葬墓だと考えればそれほど悩まずにすみます。

せめて、のちの子孫が困らないよう、より丁寧な気配りはしたいもの。例えば、「内縁の妻○○（名前）のお骨」と但し書きを書いても、「内縁」という言葉すら残っていない未来もあり得る。「別姓だけれど妻だった」「戸籍に記していないが事実上は夫婦だった」など、詳しい事情を記す親切さはあってもいいのではないでしょうか。

よくある質問

ペットと一緒のお墓に入りたい

【ペットと一緒のお墓に入りたい。実家のお墓に、自分とペットの遺骨を一緒に埋葬してもいいものだろうか？】

実務的には、霊園の規約でペットの埋葬が禁止されていたり、親族がイヤだと言うのでなければ、ペットと人を一緒に埋葬してもかまわないでしょう。ただし、これも「誰それの愛犬の遺骨を一緒に埋葬」などと記録に残したほうが親切。何代かあとになって、改葬のために中を見た子孫が「人間じゃないような骨がある!?」とびっくりするような事態は避けたいものです。

でももっと問題なのは、「骨でもペットと一緒にいたい」と思う執着のほう。

動物には動物の帰るべき世界があります。ペットを飼う人たちの間では、ペットが亡くなると「〇〇ちゃんは虹の橋を渡った」などと言います。でも飼い主の強い執着に引っ張られるとペットは虹の橋を渡れなくなり、その世界に行くに行けないという状況に。

まるで過保護な親がいつまでも子離れできず、子どもを自立させられないのと同じ。行き過ぎた愛情はもはや愛情ではなく、相手にとっても幸せなことではない。

ペットの遺骨を埋葬せず、手元に置いておく人もいるようですが、それも執着。いつか自分が死んだとき、ペットの遺骨の行方が心配で今度は自分が成仏できない可能性も。

あの世に行けば、虹の橋を渡ったペットにも会うことはできます。ペットの遺骨はしかるべき場所に埋葬するなど、この世じまいをきっちりして、心置きなく自分もあの世に旅立てるようにしましょう。

第6章

さっさとこの世の未練を断ち切って

み〜んな執着が好き

ドラマ『渡る世間は鬼ばかり』が人気なのは、繰り広げられる家族のゴタゴタに共感する視聴者が多いからでしょう。

そのゴタゴタの元は何かと言えば、ほとんど執着。逆を言えば、執着がなければ、どんなドラマも面白くないといっても過言ではない。

嫁しゅうとめ間がゴタゴタするのだって、母親の息子に対する執着があるから。「あ〜、そうよね」と言いながらドラマを観て、自分のところも同じような問題を抱えているという構図。つまりは執着に苦しみながらも、執着が好きなのが人間だという答えに行き着くのです。

執着は物や人に限りません。例えば、お金に執着がないという人でも、遺産相続で争ったりします。

親の遺産を自分はもらおうとは思わない。でも、かといって仲の悪いきょうだいに全部持っていかれるのは許せない、悔しい。自分だけ相続放棄なんてするもんか！　こうした意地やこだわり、気持ちにとらわれるのだって執着。結果、ヘンにこじれて相続で争うことになる。

執着なんかない、と言っているあなたにも、きっと何かしらの執着があるはず。しかもその執着が、あの世の旅にも大いに影響するのだから、放っておけません。というわけで、次の執着度チェックをやってみて。ぜひココは正直にお答えを。

◆執着度チェック

思い当たることにチェックを入れて、数えましょう。

- □ **墓じまいをするのはご先祖様に申し訳ないと思う**
- □ **暴言を吐かれても孫（や子ども）はかわいい**
- □ **遺産を渡したくない相手、あるいは渡したい相手がいる**

□ 自分が亡くなっても大事にしてほしい品がある

□ やり直したい過去がある

□ 仕事が生きがいだ

□ 昔の写真を見て思い出に浸るのが好き

□ 家族を残しては死ねないと思う

□ 別れた夫（妻）や彼氏（彼女）が今も憎い

□「あの頃に戻りたい」と思うことがよくある

□ なくした物が見つからないといつまでも気にしてしまう

□ 先祖、あるいは親から受け継いだものは頑張って守りたい

□ お墓やお葬式について絶対にしたいこと、逆にしたくないことがある

□ 自分の葬式に来てほしくない親戚や友人、知人がいる

□ 日記や昔の恋人の思い出の品など、家族や人に見られたら困る物が家にある

0個　執着ナシの超あっさりタイプ
執着ナシで身軽な人生を送っているよう。ともすれば「冷たい人」と言われそうなほどの超あっさりタイプですが、おかげでこの世じまいは順調に進みそう。でもここに挙がっていること以外で、何かこだわっていることはありませんか？　またこの先、譲れないことが出てこないとも限りません。自分を見つめ直しつつ、これからも身軽に、柔軟に、心地よく生きることを心がければ、もっと充実した人生になるはず。

1〜5個　執着ありのチョイ未練タイプ
今のうちに執着と向き合って、浄化させるのは十分可能と思われます。さっぱり、すっきりした明るい人生を、早めにリスタートできる日も近そうで、「気づいたらこの世じまいもできちゃった」も夢じゃない。でも数が少ないわりに、ひとつひとつが、とてつもなく深い執着だったりしませんか？　それがいずれあなたの足を引っ張り、問題が起きないよう、早めに執着を断つ努力をしましょう。

6〜10個　執着多めの頑固タイプ
それなりに悩みがあって、ゴタゴタと揉めごともある人生のようですね。ひとつ解決しても、また次の悩みが持ち上がるような……。尽きない悩みは執着のせいではありませんか?　元を正せばあなたの頑固な考え方にあるのかも。あなたのまわりにはちゃんと指摘をしてくれる人がいるはずなので、そのメッセージを素直に受け止めてみて。あの世でもそのゴタゴタを引きずらないよう、今すぐ実践を！

11〜15個　執着満載の超わからず屋タイプ
人気シリーズになりそうなドラマチック人生を送っているようですね。ドラマは傍観するから面白いのであって、渦中の人になる必要はありません。ひとつでも、ふたつでも、チェックが入った執着を打ち消すよう努力しなければ、この世じまいどころか「私の人生は不幸ばっかり」とグチまみれになること間違いなし。「わからず屋だなんて、失礼な！」と思ったとしたら、それがもう聞く耳を持っていない証拠。まずは「そうかもしれない」と受け入れる姿勢を持つことから始めましょう。

執着を断つ、とっておきの方法

誰にでも、少なからずあるのが執着。
「別れた夫が許せない」なんて、「もう別れちゃってるのに、なぜまだこだわる？」

とツッコミが入りそうなものですが、そこが執着のなせるワザ。これで死のうものなら、「あの人よりも私が先に死ぬなんて！」と許せない気持ちがパワーアップして、なかなか浄化できないことでしょう。

でもご安心を。死んで、あの世である程度気づけば、おおよその執着は断てます。特に憎悪に関しては、ノーサイドの気持ちになれます。

なぜかというと、「もう同じ土俵じゃないもんね～」と気づくから。

同じ土俵ではいがみ合っても、土俵を降りればいがみ合うこともない。「試合が終われば敵味方は関係ない」というスポーツマンシップのような気持ちかどうかはわかりませんが、「なんか別に、いいや！」という気になって、それまでの遺恨はどうでもよくなります。

職場ですごく憎らしいヤツでも、転職したら「別にそれほどじゃないな」と、思えるのと似ているかもしれません。

それに、前半でお話ししたあの世の旅をもう一度思い出してみて。精神統一してアカシックレコードを見るんでしたよね。俯瞰した気持ちで客観的に。

人生のいろいろな場面を次々と振り返ると、「自分に都合のいい解釈をしていたな」と、イヤでも実感するでしょう。

勝手な思い込みや誤解、勘違いで怒ったり、悲しんだりしたことに加え、「相手もこんなこと思っていたんだ」とか、「あちゃ〜、自分が放ったひと言がこんなことになっちゃったのか……」とかまで、全部明らかに。

そうすれば、おのずと「いやぁ、悪かったな」とか、「アイツのせいにしていたけど、悪いのは自分だったよ」と、自分のほうがわびる気持ちになったりもする。

恨みは消え、心からノーサイドになれます。


あの世でそんなことばかり突きつけられるのは強烈。今から少しでも減らしておきたいという気にもなりませんか。

じゃあ今、ちょっと目をつぶって想像してみてください。

「もう自分はあとわずかで死ぬんだ」と。

すると、「ちくしょー！　あのヤロー」と思う相手への憎しみや、グダグダと悩んでいたこと、こだわりや後悔、ねたみ、嫉妬などなど、すべて「どーでもいいや」と思えてきませんか？

「そんなことより、死ぬまでにやりたいことがいっぱいあるしな」と、急に悟りを得たような気持ちまでわいてくるはず。

あの世でノーサイドになる気持ちが、少しはわかるのでは？

過去を振り返らない生き方、潔い、孤高の生き方をしていたら、生きていようが、いまわの際になろうが、あの世に行こうが、すべてが満足だし、幸せだと思えます。

執着を断つということが、あの世での浄化はもちろん、この世で生きるうえでもとても重要なポイント。

自分が早々に土俵から降りるという想像を、今すぐ、してみていただきたい。

よくある質問

謝罪したいと思っている相手が亡くなってしまったら

【いつか謝りたいと思っていた人が亡くなってしまった。気持ちの清算はどうしたらいいか？】

自分があの世に行ったら、亡くなった人とは再会できます。そこでちゃんと謝罪もできます。

このように、たましいの行方を知識として持っておくと、余計な悩みはなくなります。それにあの世は何ごとも公明正大な世界ですから、この世で誤解があったとしてもすぐに解けますし、心配いりません。

むしろこの世のほうが、お金や病気の心配はあるし、理不尽なことも多いしで、かなり面倒。

冷たいかもしれませんが、亡くなった人への謝罪について悩んでいるよりも、自分がこれからの人生をどうやって生き抜くかという現実に向き合うほうが、かなり重要ではないかと思います。

仕事も遊びもやり尽くそう

この世の未練を断ち切るのに一番いいのは、とことんまでやり尽くすことです。

仕事でも遊びでも、中途半端にやっていると「もうちょっとやっておけば……」という気持ちが残る。でも「うんざり！」というぐらいやれば、「もうこれ以上はご勘弁」と見切りをつけられるでしょう。

私も散々、仕事をしてきたほうで「やり尽くした感」さえあるので、きっと浄化は早いと思います。いつ何があるかわからないし、いきなり寿命がきてしまうかもしれないから、自分がいなくなったあとの事務所やスタッフのことも、ちゃんと考えて算段しています。

さすが？　本音は「ゼッタイ、私のこと呼ぶなよ。あとは知らないからね」ってトンズラしたいがための準備です。まぁ、呼ばれてもあの世からは帰れませんが。

仕事に対するやり尽くした感とは逆に、今の私なら「ゆっくり人生の景色を見ていなかったな」という思いは残るかもしれません。いわゆる働き過ぎの人も「遊び足りなかった」「ゆっくりしたかった」という未練は多少あるというわけで、バランスは大事です。

もし私が余生を楽しむ期間が短いまま亡くなったら、あの世でどう思うでしょうね。別に死ぬのはしょうがない。ちょっとは余生も楽しめたし……、でももう少し楽しむ時間が欲しかったなぁ、ぐらいなもの。

だから最近の私は、犬の散歩の途中、その辺でちょっとお茶を飲んでまったりすることを楽しんでいるというわけです。少しでも思いを残さないために。

最後の執着は食

私は、早く枯れたい。

これでも昔より食べられなくなったけれど、もう一声、枯れたいところ。そうすれば目の前に大好物を出されても「もう十分食べたから、いらないよ」と言えるはずだから。

そう、人間の最後の執着は食。食べることへの執着です。

病気で亡くなったある方のご家族が教えてくれましたが、故人の最後の言葉が「お腹いっぱい、ごはんを食べたい」というものだったとか。その方は病状が進んで食べることができなかったそうで、心からの言葉だったろうなと、とても理解できます。

そうでなくても病院や介護施設などでは、食べたいもの、飲みたいものがあっても許可されないことが多い昨今。少しでも本人の負担を減らして延命するためだったり、誤嚥のリスクを避けるためだったりというのが理由のよう。

でも、もし余命いくばくもない状況ならば、ちょっとでも好きなものが食べられたら、それが執着をなくす道ではないか、と思うのです。

私の母はがんで亡くなりましたが、末期で何も食べられず点滴だけという時期に、「お寿司が食べたい」と、あるお店の名前をあげて私に言いました。まだ中学生だった私は自転車をこいで、そのお店にお寿司を買いに行きました。

母は私が買ってきたお寿司を口には入れましたが、結局、食べられませんでした。でも味わえて満足したでしょう。それでよかったと、私は思っています。母にとっては、それが最後の食事だったからです。

ホスピスなどでは、本人が食べたい物を用意してくれるところもあるようです。ほんのひと口でもいいから、希望を叶えられればと思います。

あの世に心置きなく旅立つために、執着をひとつでも減らす。

さて、あなたは最後に何を食べたいですか？

浄化まで何年？

仏教では三十三回忌や五十回忌など、神道でも30年で、供養のひと区切りとする場合が多いようです。

スピリチュアルな視点からみても、たましいが浄化するのは30年から50年ぐらいだと考えられますから、年忌法要の期間はなかなか理にかなっていると言えます。

もっともあの世には時間の概念はないので、たましいにとっては関係ないことかもしれませんが。

それにしても30年~50年で浄化というのは、意外に早いですか？　それとも長い？　人は、そんなにこの世に執着し続けられないものなのです。

私がこれまで霊視した人のうち、ちょっと考え方にクセのある人でも30年あれば、まったくもって大丈夫！　この世の未練や、こだわりのようなものは捨て去られます。逆に30年は、浄化の時間としては長いほうかもしれません。

例えばこの本を読んで「なるほど~」と、この世じまいを理解した人なら、30年よりもっと早く、すんなりと浄化するはず。

ですから50年くらいかかるのは、よっぽどの頑固さん、わからず屋か、数多の執着があるか、です。

あなたにはどうしても人に渡したくない物や、悪霊になってでも恨んだり呪ったりしたいと思う相手がいますか？　物欲や人との確執、これが2大執着。いわば浮かばれないとか、成仏できないとかの大きな原因です。

「精魂込めて守ってきたうちの田畑」だの、「私の着物はあの嫁にはゼッタイ渡したくない」だの。老舗の跡取りが、強迫観念にも似た責任感から「お店ののれんを守らねば」「つぶしてはならぬ」と店に執着するのも物欲の一種でしょう。

ところが言葉でそうは言っても、物欲はすぐにあきらめがつきます。だって、死ねばすぐにわかります。「物はあの世に持ってこられないんだ」「死んでまでお金を使えるわけでなし。執着することないな」と。

物やお金への執着を捨てたあと、残るのは人との確執です。なにがなんでも渡したくないその「相手」、つまり人に対する心が浄化の足を引っ張るのです。

とはいえ、これだってそんなに長くは続けられません。

これまでの人生を振り返ってみて。あなたにだって怨念に思うような人が1人や2人、いませんか？　だからって、毎日ずっと恨み続けています？　疲れるでしょう？　いくらなんでも、ずっとは無理なんです。

それどころか過去にすごくイヤなヤツだと思っていたのに、ふと「あいつ、そういえば元気かな？」なんて思ったりすることがある。そこがまた人間のおかしなところ。思いは変化するし、それでいいじゃないですか。

だからやっぱり浄化するのに、それほど長くかからないはず。


じゃあ「元々、薄情な人は執着も少ないんじゃないか？」と思った方、ごもっとも。薄情という言い方はいじわるですが、ようはドライな性格ということ。

例えば友だちのグチに対して、「うわ～、かわいそう。大変だったね」と応じる人。言われたほうはうれしいかもしれませんが、自己憐憫を満たされただけ。

一方でドライな人はというと、「そんなこと言ってもしょうがない。やるしかないよ」「自分が悪いんだから仕方ないね」と、薄情に突き放しているようでいて、分析は極めて冷静で現実的。

きっと自分の身に何か起きても、物わかりよく「自分がまいた種だから、しょうがない」と受け入れるに違いなく、当然、執着も少ない。ドライな性格は悪いことじゃありません。

また、浄化が早いに越したことはないので、自分が望んだ供養の仕方だとか、お墓やお葬式の希望が実現されなくても、この世で託した相手を恨まないことです。エンディングノートに希望を書いて、生前契約で手配して、それが実現されたらラッキー。実現されなくても「そんなはずじゃなかった!」ではなく、「やっぱりやってもらえなかったか。しょうがない」ぐらいであきらめましょう。

最初から誰にも期待しない、あてにしないのが浄化のコツです。

執着度チェックで、チェックが入った人はとにかく、そのチェックが消えるように努力を。執着に気づけたのは幸い。今のうちから浄化しておけばいいだけです。

地縛霊候補にならないで

仕事柄、事故が起きた場所などで霊視をすることがありますが、その場に留まるいわゆる地縛霊となっている霊はほとんどいません。

「無念な死に方をして、きっと成仏できないだろう」なんてこの世の人が思っていても、ちゃんと浄化しているものです。きっとテレビの心霊番組で植え付けられたイメージが根強いのでしょう。「無念の霊がさまよう心霊スポット」とかなんとか。

これまで私は、そんな恐怖をあおるだけの心霊話や、あの世のたましいに対する誤ったイメージを払拭してきたつもりですが、まだまだでしょうか。

なかなか浄化できず、この世でさまよい続ける人がいるとしたら、それは死んだことに気づかない人だというのは、すでにお話ししました。

死んだことに気づかないなんてかわいそうだと思います。自分の頑固さに気づき、視野を広く持てば解放されるのに、と気の毒です。

亡くなると、あの世からはちゃんとお迎えが来ます。それに自分のお葬式の様子や、悲しんでいる家族、友人の姿を見れば、「何かヘンだぞ。もしかして、自分は死んだのか?」と理解します。

頑なな思いに固執せず、ちょっと視点を変えたり、現実を冷静に見たりすれば、あとは浄化していくだけ。だからとにもかくにも、早く気づいてほしい。

もしあなたが人の話に耳を貸さないようなタイプだったり、目の前の現実を受け入れられない、あるいは客観的にものごとを見るのが苦手なタイプだったりするなら、立派な地縛霊候補。

自分のお葬式を見ても「そんなはずはない」と受け入れず、さまよう可能性があります。そうならないように、今から聞く耳を持ち、柔軟な心でいられるよう努力してほしい。

そもそも地縛霊になるような人は、生きているときから地縛霊みたいなことをしています。

例えば、いつまでも息子べったりのお母さん、いくつになっても子離れできない親は、子どもに執着する地縛霊と言えるのでは？　一刻も早く子離れし、今からすぐに自分の人生を生きることをおすすめします。

鬱陶しい親に対しては、子どもも遠慮せずに言ったり、さっさと離れたりしたほうが親のためです。

「うるさい！　オレだっていい年なんだから、もうお母さんはいらないんだよ」と子どもに冷たく突き放され、ショックを受けたことで親がハッと気づいて子離れできる場合もあるからです。

同様に、お葬式で参列者は、亡くなった人に対して「あなたは死にましたよ」と語りかけてあげましょう。死んだことを気づかせ、早く浄化の道に送り出してあげるのが、遺された人の役目です。

お葬式ってなんだ？

こんなことを言うと、葬儀関連のお仕事をされている方々にお叱りを受けてしまいそうですが、葬儀場でお葬式をしなくても、浄化はできます。

参列者がたったひとりのお葬式でもよく、なんなら参列者がひとりも立ち会わないお葬式でも、あの世にはちゃんと行けます。

ただし、亡くなった人が自分の死に気がつけば。

お葬式はなんのためにあるかというと、死んだことに気づくためです。

逆を言えば、故人が「死んだ」と気づけるならば、いわゆる形にこだわる必要はないということ。従来の葬儀様式とは違う「お別れの会」のような形でもいいし、昨今、登場したリモート葬儀でももちろんオッケー。火葬したあとですぐ納骨してしまう直葬だって問題なし。

ただ、家族や親戚、あるいは友人、知人は亡くなった人のためにしてほしいことがあります。それは「あなたは死にましたよ」と、心の中で語りかけること。

その祈りがテレパシーで亡くなった人に届き、「あ、私って死んだのね」と気づけば、お葬式はもう完了です。テレパシーなので遺体のそばにいる必要はありません。亡くなったという知らせを受けたら、祈ってあげてください。

ですから、例えば感染症予防のためにお葬式を出せない状況でも「お葬式をしないなんて、故人が浮かばれないんじゃないか」といった心配はまったくいりません。

スピリチュアルな視点から見れば、お葬式の定義はあくまでも「死んだことに気づくためのもの」。と言いながら、私自身、心配なことがあります。

病気や事故で重篤のまま病院に運ばれ、昏睡状態から回復せずに死んだ場合、「死んだことに気づけるかなぁ」ということです。

たぶん、入院した記憶はうっすらあるかもしれませんが、あとは夢うつつのはず。

旅先でぐっすり眠った翌朝、瞬時に自分の状況を把握できないときってありますよね？　目覚めた瞬間、「ここはどこ？」とわけがわからなくなるような。自宅で寝すぎて起きたときも昼か夜かわからないようなことだってある。

それと似ていて、重篤で意識がもうろうとしていたら、自分がどこでどういう状態かをはっきり認識するのは難しいと思うのです。「たしか入院したような気がするけれど、はて、ここはどこ？　今はいつ？」となってもおかしくはない。

しかも生と死の境目は、それほど大きなチェンジがない。死んで体はラクになっているのに、それすら気づかないほど夢うつつ状態なのはよくあることなのです。

そこで必要となるのが、ズバリ、死に気づくためのお葬式というわけ。

私が夢うつつでわからなくなっていても、きっと家族が「死んだよ！」と言ってくれると思うので、そこで「あぁ、死んだんだ」と気づけると期待はしているのですが、死んでからのお楽しみということにしておきます。

こだわり過ぎ葬儀にご用心

未練や執着に足を引っ張られて、この世でウロウロする霊は具体的にどんな人たちでしょうか。

よくあるのが宗教的なこだわりが強い人。「なぜ大本山で葬儀をやってもらえないんだ」「○○僧正にお経をあげてもらっていない」などなど、思い通りにしたかったお葬式への未練が募る。

本来のお葬式という意味では、死を自覚して成功。でもその先のオプションが問題。つまり、頑固さという気持ちの執着で浮かばれないなんてこともあるのです。

こうなるとあとは自分自身でその執着と闘うしかありません。この世の人たちも、

「そんなこと考えたって仕方ないんだからね！」と説き伏せるのが、その方への供養となるでしょう。

間違っても、この世の人は、すがったりしないでください。

「お父さん、私の結婚式に出てくれるって言ったじゃないの！　なんで死んじゃったの!?」などと言うと、亡くなった人だって逝くに逝けません。なんといっても一番悔やんでいるのは本人なのですから、余計に執着が増してしまいます。

ちなみに、死んでいてもちゃんと結婚式には出席できます。時空を超えて、たましいはスッとどこにでも行けるのです。

だからかもしれませんが、結婚式は意外と心霊写真が多い。ハッキリと姿形が写らなくても、明るい煙のようなものが写り込んでいたりして、「ああ、これは亡くなったお父さんですね。お祝いで来ているんですよ」というパターンがよくあるのです。

ですから、すがりたくなる気持ちはグッと抑え、「こっちは大丈夫よ！」と執着をなくすような言葉をかけてあげてください。

生きているときから心軽くあれば、死んでから体も心もラクになれます。

でも生きているときから執着のある人は、肉体を捨てて体はラクになっても、逆に心は重くなる。しかも重さは執着の度合いによって。

ということは、物も、心も、いろんな意味での整理をしておくこの世じまいが、そのまま身軽な旅じたくになるということではないでしょうか。

終活で自分のお葬式を決めるのはいいとして、あまりこだわり過ぎず、「こんなふうにできたらいいな」と楽しむ〝ファッション終活〟ぐらいの感覚でお葬式は準備しておくのがいいのかもしれませんね。

お葬式はアーカイブでも見られます

お葬式は形ではありませんが、儀式としてやることにまったく意味がないわけではありません。何より見送る側にとっては気持ちの区切りがつきます。

もっともお葬式の場に行かずとも心の中でお別れを告げたり、「ありがとう」と感謝を込めて祈ったりすれば、亡くなった人に思いは届きます。

霊視をすると、お葬式に亡くなった本人が参加していることも少なくありません。すぐに死を自覚した人は、お焼香している参列者にむかって、親族席で家族と一緒に頭を下げていたりしますし、参列者に親しい人が来ていると「あぁ、来てくれたんだ！」とうれしそうにしていたり。一方で、嫌いな人が来ていると「何しに来たの？　そんなに私が死んだの、うれしいの？」とばかりに憤慨することも。

そういうのを知ると、下手に義理立ててお葬式に出席するのはやめたほうがいいなと思うわけです。


ここでひとつの疑問がわくかもしれません。

「死んだことにすぐ気づけない人は自分のお葬式に参加できないのでは？」

昏睡状態のまま亡くなり、家族がお葬式もしたのに自分は夢うつつの中、死んだと言われても寝ぼけ状態で気づかず、というパターンもないわけではない。

夢から覚めたようにようやく死んだと気づいたときには、この世での時は過ぎ、お葬式もすべて終わっていた……としても大丈夫。リアルでは参加できませんが、アーカイブで自分のお葬式を見ることはできます。

じゃあ、「ライブで見られないなんてイヤ！」と思ったあなたは、ライブで見たいという執着があると自覚したほうがいいし、「そうならないよう、一刻も早く死んだことに気づきたい」と思うのもまた執着。

今のうちからちゃんと聞き分けがあって、素直で、何ごとにも執着せず、こだわらない人になっているのが理想。それで死んで行けたら、早いも遅いもなく、自分にとって一番いいようになるというのがあの世です。

それに知識を持っているというのはとても重要。この本を読んでいる時点で、「へ〜、死んだことに気づかないこともあるんだ」とわかっていれば、いざというとき「あれ、もしかして私って死んでる……？」という気づきがあるはずだから。

無駄に戸惑ってこの世をウロウロしないよう心の片隅で覚えておいてくださいね。

よくある質問

不仲の親戚に参列してほしくない

【不仲だった親戚には自分のお葬式に参列してほしくない。そのことをエンディングノートに書いてもいいものだろうか?】

この世の執着を断つために、最後ぐらいわがままを聞いてほしいと、エンディングノートに書くのはかまわないと思います。

そこまでしたいという思い、それもまた結局、執着なのですが……。執着の迷路にはまり込むほど執着好きなのが人間のようです。

お葬式というのは形じゃないのに、形ばかりの義理で参列する人は多いものです。「行っておいたほうがいいかな、オレも」と、ほとんど面識もないのにやってくる仕事関係者はその代表。死んだ側にしてみたら全部お見通しで、そんな人がお葬式に来たって、「はぁ? どなた?」みたいな感じです。

これほど無利益なものはないというのは覚えておいたほうがいいし、親戚、友人、知人であっても、故人を悼む気がないなら行かないほうがいい。

もっとも、誰が参列しようとどうでもいいほどに、死んだ側にこの世の人たちへの執着がなくなっているのが一番いいのですけれど。

仕切り屋さんは生前葬を

私自身、思い当たるのですが、自分が何かと仕切りたがるタイプだと自覚があるなら、死んだあとのこの世のことは逆に考えないほうがいいと思います。

お葬式ひとつとったって、下手にやられても腹が立つだけだから。

宗教的要素を使うのか、使わないのか、お坊さんが来るとか、神主さんが来るとか……。想像しただけで、段取りひとつに「違うだろ～！」とツッコミを入れる自分が思い浮かびます。

私がやるかどうかは別にして、仕切り屋さんはぜひ生前葬をやっておくことをオススメします。

生きていたってイラッとするのに、死んで自らが指示できないところでされたら余計にイラ立つ。なんでも自分でやらないと気が済まないなら、気が済むように生前葬をしておけば、すっきりして執着もなくなるでしょう。

決めることは自分で決め、人を頼ろうとしないという心意気さえあれば、執着をなくす方法は、いくらでもあるのです。

悩ましきお寺問題

田舎のお寺に先祖代々のお墓がある人ならばまだしも、都営霊園など、地方自治体が管理する公営墓地などにお墓があったり、そもそもお墓がなかったりする家では、お寺とのお付き合いはあまりないかもしれません。

それだけに、めったにないお葬式や法要で、どこのお寺に頼んだらいいのかに始まり、お布施や戒名の金額は？　相場は？……　と頭を悩ませる人は多い。

これまたお寺関係者に恨まれそうですが、戒名はつけなくても、お坊さんにお経をあげてもらわなくても、浄化はできます。

もちろん、戒名をつけたい、お経をお坊さんにあげてほしいという場合は、お願いしてもいい。菩提寺でなくとも引き受けてくれるお寺はありますし、1回限りの読経をお願いするお坊さんも、今の時代インターネットで探すことだってできます。

でも1回限りの読経をお坊さんにお願いするぐらいだったら、「自分たちでやったほうがいいいんじゃないの？」と、思う私。別にお布施をケチって言うのではありません。

あの世の人だって、見ず知らずのお坊さんより、自分の身内がつっかえながらでもお経を唱えてくれたほうがありがたいと思うのではないか、という理由からです。

心を込めてやってくれるお坊さんだって、もちろんいらっしゃるとは思います。でも「あなたは死んだよ」ということも、「こっちは元気よ。だから安心して、早く浄化してね」ということも、家族や友人があの世の人に思いを込めるからこそ、通じるのでは？　お墓や位牌はアンテナだし、お葬式だって、形じゃないのですから、供養は身内でやるのが一番だと思うのです。

昔は菩提寺のお坊さんが家にお経をあげに来てくれて、家族でそのお寺とお付き合いをするのが当たり前でした。だから「このお坊さんは人間としても素晴らしいし、尊敬できるな」と思った人に戒名をつけてもらったり、お葬式をお願いしたりできたのです。それが難しくなった今、お坊さんはガイドやコーディネーターとしてお願いする時代になったのではないでしょうか。

例えば、戒名をつけて、位牌を家の仏壇に置きたいと思っても、位牌の作り方まではわからないし勝手に作るのは不安。セルフではムリだから、お坊さんにガイドをお願いしよう。お通夜、お葬式、回忌法要をやりたい。ここはコーディネーターとしてお坊さんにお願いしよう。

旅行だってガイドやコーディネーターにまかせっきりでは旅の意味がない。自分で積極的に参加してこそ。

同じように、まかせっきりじゃ思いは届かない。作ってもらった位牌というアンテナに自分たちで念を入れ、お葬式や法要ではお経をあげるお坊さんの背後から、「こっちは頑張ってるよ。安心してあの世で浄化してね！」と念を込める。

こうなると宗教的なこだわりは、持っても意味がないように思えてきます。

あの世のことを想像してみても、宗派ごとに浄化の行き先が違うバスがあるわけでなし。お墓の改葬で宗派を替えるとか、無宗教の公営墓地に移して墓じまいするのだって、ご先祖様の浄化とは何も関係ない。

究極、自分自身、なんらかの宗教・宗派を持たなくたって、供養してくれる人がいなくたって、この世に未練さえなければ誰にも頼らずセルフで浄化できるわけですから。

この世の事情、あの世の不満

「お葬式、お墓、戒名など、安いものを選んだら亡くなった方に失礼でしょうか」

「戒名代が高額だった菩提寺とは縁を切りたいが、代々のご先祖様は怒らないだろうか」

いずれの質問も、この世の事情であって、あの世の霊たちは気にしません。

私もそこそこ霊能者歴が長いですが、いろんな霊を視てきて、そうやって文句を言う霊はひとりもいませんでした。

「お墓が狭い」という文句もなければ、「こんな安いお葬式だなんて」と不満も聞いたことがない。逆に「高いのを選んでくれてありがとう」というお礼もないですが。

生前に「寂しいお葬式にしたくない」という人は多いですが、それはお葬式の規模とは関係ないものです。家の六畳間で、ちゃぶ台囲んで「こんなことがあったわね」「そうそう、あの人ったらこんなこと言ってさ」「やだ〜、アハハ！」と思い出話に花が咲いたら、にぎやかなお葬式です。霊もそれで満足。

菩提寺と縁を切るのも、亡くなった身内がそこのお寺に執着がなければ、文句は言わないでしょう。お寺の方と親戚だとか、まさかの恋愛関係にあったとか、複雑な人間関係でもからんでいない限り執着にはならないでしょうし、ましてやご先祖様はもうとっくに執着も捨てています。

ちなみに、代々受け継いだ田畑や家屋を事情があって手放すのだって、ご先祖様は気にしません。

この世では、維持するのは大変だし、ただ所有しているだけでも税金がかかるのが現実。後生大事に守っているせいで子孫の生活が苦しいだなんて本末転倒だし、逆にご先祖様は心苦しく思うのでは？

この世の事情がどうであれ、霊は不満を言いませんし、もちろん値段の高い、安いが、浄化の早さとは関係ないことは、自分があの世にいけばわかりますよ。

さぁ、次の章はこの世だからこその大問題、お金について。あの世の旅にお金はいりませんが、お金のゴタゴタが残っていると、あの世の旅に影響が出かねません。しっかりこの世じまいで片をつけておきましょう。

よくある質問

同性パートナーとのお墓に入ったら親が悲しむ？

【同性パートナーのことを伝えられずに親が他界。いずれパートナーと一緒のお墓に入りたいが、実家のお墓に入らなかったら亡き親は悲しむだろうか。】

ひと言で言えば、死んだらすべてわかる！

死んでお墓に住むわけではないことも、たましいに性別はないことも、肉体を捨てた死後は、すべてわかります。だから親が悲しむなんてことはありません。

では、まだ親が生きていると仮定したらどうでしょう。同性パートナーがいることや実家のお墓に入らないことを言ったほうがいいのかどうか？

言わなくていいというのが答え。年をとると、なかなかそれまでの価値観を変えることが難しくなります。そんな親に理解してもらおうとするよりも、嘘も方便で言わないほうが親のためになります。

自分がラクになるためにカミングアウトするよりも、あの世ですべてが公明正大になるまで待つほうがいいこともあるのです。

それよりも、まだ法律が整備されていないこの世で、同性パートナーとのこの世じまいを考えるほうが大事です。

病気になったとき、臨終のとき、法律上の他人が家族のように会えるかどうかなど、ちゃんと確認していますか？　もしまだなら、弁護士に相談しておいたほうがいいでしょう。

第7章

お金のゴタゴタをなくそう

あなたの「良かれ」は妄想

終活を考える人は、口を揃えてこうおっしゃる。

「子どもや家族に、迷惑をかけたくない」そして「良かれ」と思って行動する。

ハッキリ言います。あなたの「良かれ」は妄想です。


お墓をうっかり買っちゃうのだって、自分のお骨の納め先を決めておいたほうが家族は困らないだろう、子どもたちだってお墓があったほうがいいだろう、という「良かれ」の精神から。お葬式で使う遺影があったほうが家族は悩まなくて助かるだろうと、事前に遺影を撮るぐらいならまだいいですが、お墓になるとお金もかかるし、その後の墓じまいも大変。

前述のように、「良かれ」が裏目に出て、逆に家族の迷惑になっては元も子もない。

じゃあ、「良かれ」妄想を暴走させないためにはどうするか?

家族間のコミュニケーションをよく取ること。お墓を買おうと思っているなら、家族に相談しましょう。

「お墓を買おうと思うんだけど」「え？　私は継がないよ。買っても無駄よ」

これで無駄な出費も、そのあとのゴタゴタも防げます。

揉めない相続の仕方

よくあるのは「良かれ」と思って、子どもにお金や家、財産を遺すこと。これも家族に言っておくことをおすすめします。

「あなたたちに遺せるのはこれだけ。あとはあてにしても無駄だよ」

と家族会議の場できっぱり、文句がある人がいるなら出てこい、ぐらいな感じで。

「ケンカは先にしろ」と言いますよね。先にケンカしてでも決めておいたほうが、あとの揉めごとはずっと少ないということ。

死んだあとで遺言状やエンディングノートが出てきて、「え〜、何コレ!?　聞いてないよ」と家族が驚いたり、相続争いに発展するより、ずっといいでしょう。

エンディングノートもぜひ書いていただきたいですが、書くだけではダメ。およそ実現不可能な希望が書いてあっても、家族は困ります。しかも書き逃げで死んだら、「最期の願いを聞いてあげられなかった」と遺された家族が悔やむかも。「良かれ」と思い書いたエンディングノートが新たな悔やみを生んでは逆効果です。

「ケンカを先にしたら、家族間にひんやりした空気が流れるのでは……」

と、心配ですか？　感情や欲得を捨てることと、孤高で生きる覚悟があればいいだけです。

例えば、相続の話をして同居している家族が不満をもって家を出て行ってしまったら寂しい、という気持ち、あるかもしれません。だから言い出せない、わざわざ波風立てたくない。それって、心地いい人生ですか？

「遠くの親戚より近くの他人」とも言いますよね。財産をあてにした下心ありありの家族に気を遣いながら暮らすより、ビジネスライクな他人とあとくされなくつきあうほうがずっと心地いいと思うのは私だけでしょうか？

身内がそばにいたらラッキー。でもいないならしょうがない。家族に執着せず、こだわらないことです。他人なら、イヤだと思ったらすぐにサヨナラして、別の誰かとチェンジしてもいいんですから。

私がいくらそう言っても、「身内がそばにいない私は血縁の薄い家系」とか、「家族に恵まれない薄幸な星の下に生まれたアタシ」とか、思う人はいる。自己憐憫というヤツです。「幸薄いヒロイン」というシチュエーションに酔いたいんですね。

でも言っておきます。自己憐憫、責任転嫁、依存心は不幸の3大要素。

家族に恵まれないかわいそうな自分（自己憐憫）、「良かれ」と思ってしたことを理解してくれない家族（責任転嫁）、遺産を渡す代わりに老後の面倒をみてほしい気持ち（依存心）、思い当たりませんか？

この3つは潔く捨て、孤高に生きるほうが、ずっと清々しく幸せに生きられます。

物事はシンプルにとらえ、自分が心地いいと思う環境を作って、生きることだけに専念しましょう。

親のこの世じまいを反面教師に

読者のなかには、年老いた親が「良かれ」と思ってしたことに振り回されている人もいるかもしれませんね。

親のこの世じまいは、学びの宝庫。その対処法もお話ししておきましょう。

勝手に買っちゃったお墓や、写真館で先撮りする高価な遺影に代表されるように、親が「良かれ」でお金を使うことは、子どもにしてみたら「もったいない！」と思うでしょう。でも、それは親のお金。子どもは、「親が自分の甲斐性でやっているんだから良し」と、黙って受け入れる姿勢が必要です。

せめてふだんからコミュニケーションをとっておき、「お墓？　私は継がないよ」というような会話をしておけば、トラブル予防にはなります。

それでも親が買っちゃったのなら、「しょうがない」と腹をくくる。「あれほど言ったのに、なんで買うのよ!」などとカリカリしたり、ケンカしても仕方ありません。それはもう親の趣味にほかならない。歌舞伎とか、演歌歌手とか、スーパー銭湯アイドルにお金をつぎ込むのと一緒です。アイドルの追っかけ費用が、お墓の購入費用になっただけ。

そもそも子どもの側が「もったいない」と思うのは、「そんなことに使うお金があるなら、私にちょうだい。遺産で譲ってよ」という気持ちがあるから。親のために「良かれ」と思って忠告しているようで、実は自分の欲得のためだとしたら、どっちもどっち。

結局、子どもの側も、感情や欲得を捨て、孤高に生きる覚悟があればいいだけです。「アタシは親の金を当てにせず自立して生きるから、親が何にいくら使おうと気にしないわ」と。

後はそんな親の姿を反面教師にして、自分が心地いいこの世じまいをするための参考にしてください。

財産という〝秘めごと〟

世の中を見ても、相続で揉める例は多い。

特に親のお金をあてにする人はけっこういて、当然の権利のようにもらえるものだと思っているようです。

しかも弁護士さんに聞くと、金額が高額じゃないほうが揉めるそうで、「わずかなお金でももらえるものはもらいましょう」という欲が丸見えなのだとか。

今まで個人カウンセリングを含め、いろいろな人の人生を見てきた私も同感です。

そして痛感するのは、金額に関係なく、そうやって遺産をもらった人は人生がダメになるということ。なぜかって？

遺産はしょせん親とはいえ人のお金。自分が働いて稼いで得たお金ではないわけで、それをタナボタでもらえば、あぶく銭をあてにすることを覚えるからです。

タナボタをあてにする欲に加えて、家族間の確執が加わると、さらにやっかいです。

きょうだい間のねたみ、そねみ……、言葉を聞いただけで骨肉の争いの予感。

「弟は子どもの頃からえこひいきされて得していた」「結婚式の費用は、兄貴のほうが多く出してもらった」「私のほうがかわいがってもらった」「いや、自分のほうが愛されていた」だから自分は1円でも多くもらう権利があるはずだ……。じゃあ、争いの種になるようなものを家族に遺さなければいいわけですが、そうもいかないでしょう。家とか、貯蓄とか、どうしたって多少はあるはず。

私は子どもにお金を遺してはいけないとは言っていません。無駄に遺して頼るようなことになるのはよくないよね、と言いたいのです。

遺すなら、家族を集めて、公明正大に言っておくのがいいのです。

「金額はこれだけ。自分が死んだら、こういうふうに相続してもらいます。家は、誰それに渡します。あとは一切、気にしないように」と。

おぼろ月夜を美しいとか、粋だと言って愛でる文化を持っている日本人。それを相続にまで持ち込んで、秘めごとにする。その結果、あなたが死んでから霞が晴れ、自分が遺した財産で、家族が争うのをあの世から見ることに。

あの世からでは、もうどうすることもできないもどかしさ。どう考えても粋じゃないし、心地よくありません。だったら、相続をぼんやり霞のかかった秘めごとにするのではなく、生きているうちからすべてを明白にして、むしろ子どもや家族をシラけさせるほうがずっと粋でカッコいいでしょう。

物もお金も遺せば揉めごとの種になるなら、何を遺すか？

この世の人に遺していいのは思い出だけです。

加えて親なら、子どもが自立できるように教育や社会性を身につけさせること。どんなときでも乗り越えていけるような人間力を養い、身につけておくことが、失うことのない財産。ある程度の年齢までに自立の術を身につけさせ、あとは「知～らない！」と子離れする。それが理想。本当の「良かれ」。

くれぐれもその教育費を、子どもへの投資や親の誉れと勘違いしないように。

「これだけ出してやったのだから老後は面倒みてもらえるだろう」

「いい学校、いい会社に入れたのはオレが教育費を惜しまなかったおかげ」

などという下心。言葉に出さなくても、子どもはちゃんと見抜きますから。

かかりつけ弁護士のススメ

相続で揉めて、最後は裁判に、というパターンは珍しくありません。私は裁判になるのは悪いことだとは思わず、公明正大に、理性で整理できるならむしろいいとさえ思います。ねたみ、そねみ、嫉妬からくる家族間のケンカは、売り言葉に買い言葉の応酬となって、最後は縁を切る事態に発展するやもしれず。家族といえども、たましいは別ですから、孤高に生きることを考えたら縁を切るのはまだいい。しかし、いらぬ問題が掘り起こされたり、度重なる心情的ダメージを受けたりするのはキツいものです。

できれば散々揉めたあげくの裁判より、やっぱり「ケンカは先にしろ」です。つまり、生きているうちから弁護士に相談して、相続関係を明白にしておくこと。シラけるほど問題は避けられるし、自分も「良かれ」妄想を排除し整理できる。理性的かつ法的に有効な遺言書も用意できます。「弁護士さんと相談して、こういうふうに決めました。遺言書も預けてあるからね」と、子どもに言えば揉めようもない。どうあがいても法的に分けるしかないのですから。

すでに子ども同士の仲が悪く、親が生きているうちから家族会議なんてできないというご家庭もあるでしょう。そういう場合こそ、弁護士を立てましょう。

家族が直接、話すのではなく、弁護士を通してクールにやりとりする。余計な感情が相手に伝わらないから、それ以上、仲は悪くなりません。家族間で弁護士を立てるだなんて……と思った段階で、それは感情論。理性的じゃありません。

弁護士は揉めごとがあってから頼むもの、というのがどうやら多くの人が持つイメージのようですが、それでは遅い。

かかりつけ医を持つように、これからの時代は誰もがかかりつけ弁護士を持つことが必要な時代です。

年齢とともに誰しも認知症の心配が出てくるわけで、少しでも判断ができるうちに後見人だとか、手配できるものはしておいたほうがいい。年をとったら、法的な手続きはだんだんと面倒になるものです。インターネットや書籍などで、法律に関する勉強もある程度はできます。しかし所詮、素人の知識では限界があるのです。

相談するだけでお金がかかるので敷居が高いという考えはごもっとも。だけどそこは、授業料と考えてみて。素人考えでは限界のある部分を補って余りあるサポートを受けられる、かつ先々のための備えになり、自らの勉強にもなる授業料だと。敷居が高いなら、市役所などで設けている無料相談にまずは行ってみるという手もあります。

それに相続や遺言に関することは「子どもがやってくれるはず」「親戚の誰それが、段取りをわかっているから大丈夫」は、私が知る限りほぼ幻想です。

長年のカウンセリングで、それらにまつわる揉めごとをたくさん見てきた私が断言します。「誰にも迷惑をかけたくない」と思うなら、身内より専門家。

弁護士に限らず、税理士、司法書士、行政書士など、相続や今後のライフプランに関わる法律の専門家はたくさんいます。

今後の人生を考えながら、自分がこの世じまいをどうしていったらいいかを、無駄なく教えてくれる専門家に、今すぐ相談することをおすすめします。

コラム

法の専門家へつながる相談窓口

法的なことに関する相談窓口はいろいろあり、回数や時間制限はあるものの、無料相談を受けられるところもある。身近なところでは、多くの自治体が在住者対象の相談窓口を開設しているので、まず問い合わせてみたい。

日本司法支援センター（通称：法テラス）は、法的なトラブルの解決に必要な情報やサービスの提供を受けられることを目的に設置された総合案内所。法制度や手続きに関する情報、弁護士会、司法書士会、地方公共団体といった相談窓口に関する情報を無料で提供しており、どこに相談していいかわからない場合にも役立つ。

経済的に余裕のない人が法的トラブルにあったとき、弁護士・司法書士に無料で法律相談を受けられるしくみもある。

日本弁護士連合会はすべての弁護士が登録する団体。ホームページでは弁護士検索ができ、住んでいる地域の弁護士を探すことも可能。また弁護士費用の目安についても知ることができる。

「損して得取れ」を唱えよ

「損して得取れ」

目先の利益を捨てて今は損をしたように思えても、のちに得となるようなものが手に入る。

日本にはいい言葉があるものです。この言葉を呪文のように唱え、自分に言い聞かせていれば、お金がらみの問題はそうそう大きくはならないのではないか。

相続でちょっと欲に駆られたがゆえに揉め、裁判で争えば、お金だけでなく精神的な疲弊や時間など失うものは多いはず。だったらシラけるという損を先に取り、その後の人生、死後までも心地よく過ごせるという得のほうがいい。

スピリチュアリズムから見ても、「損して得取れ」は道理が通ります。

この世には正と負のパワーバランスがあって、負を先に取れば、正があとからやってくる。逆もまた然り。

例えば、誰かのお祝いごとで、ご祝儀をケチったら、その後、家族がケガをして治療代を出すハメになった。最初から気持ちよくご祝儀を出していたら、余計な出費はなかったかも。

一見するとつながりがないような出来事だって、偶然はなく必然なのです。ちなみに、もしあなたが親のお金をあてにしている子どもの側なら、こう申し上げましょう。

親のお金を潔くあきらめると、別の形で必ず入ります。お金か、はたまた別の何か。それはあとのお楽しみ。だから欲深いことやケチなことだけはしないで。

もちろん、揉めに揉めて裁判するのが心地いいやり方なら、それは個人の自由。だけど「損して得取れ」と、あっさりシンプルに考えたら、人生もっとラクになるのになぁと私は思うのです。

第8章

「あぁ面倒」と思ったあなたへ

重荷を下ろそう

雑誌などでも終活がさかんに叫ばれ、「○才から始める終活リスト」とか、「これだけはやっておく・やってはいけない終活」とかいう特集が頻繁に組まれています。

このようなキャンペーンが展開されるのは、高齢化社会になりニーズがあるからではありますが、結局のところ多くの人にとって終活があまり進んでいないがゆえ。だいたいスローガンを掲げるのは、それが実現されていないから。「絆」、「絆」と叫ばれるのは、人々の絆が薄れているからでしょう。

終活だって、やらなきゃいけないのはわかっていてもやっぱり面倒。いくらメディアであおられても、あの世の旅がどういうものかを知っても、「どこから手をつけていいものやら」と、途方にくれるわけです。

誰しも生きていれば人生の地層はかなりの厚みに。あんなこともこんなこともあったと掘り起こして始末をつけようとしても、いっぺんにはムリ。だから先に述べた通り、心地いい人生にすることだけ、考えればいいんです。

手始めに、もし自分が死ぬとして、今、心の重荷になっていることを書き出してみて。

「田舎のお墓、どうするのかなぁ。死んだら、私、どこのお墓に入るんだろう」
「服、こんなにたくさんあるけど、どうするのかね」
「私が先に死んじゃったら、ペットの犬、どうしよう」

などなど、ずらずらーっと羅列。

次に、そのなかで一番、気に病んでいること、重荷だと思うことについて、心地よくなる方法を探ってみてください。

田舎のお墓がもっとも重荷に感じるのなら、永代供養できるところに改葬して墓じまいするとか。ギッシリ詰まった服を見るのがイヤでクローゼットを開けたくないほど憂うつだと思うなら、捨てるか寄附に出すとか。ペットの犬の行く末を考えると夜も眠れないというのなら、あらかじめ世話をしてくれる人に頼むか、老犬ホームの手配をしておくとか。

一番の重荷を軽くするだけでも、翌日の目覚めはかなりよくなるはず。

何ごともシンプルが鉄則。手をつけるのもひとつずつ、シンプルでいいんです。

もう「いい人」はやめた!

ものごとをシンプルに考えるのが、幸せになる一番のポイントです。

私のところに持ち込まれた相談事も、枝葉を取り払ってシンプルにすれば、霊視をしなくてもいいものばかり。必要なのは霊能者じゃなくて、弁護士や司法書士だったりするし、お墓関係なら霊園に問い合わせるという実務だったりする。

それなのに多くの人は「でも」「だって」と、あれこれ悩みます。

余計な枝葉をわざわざ自分でくっつけて、あーでもない、こーでもないと悩みの深淵に落ちていく相談者が、これまで何人いたことか。

「跡取りもいないし、霊園は遠いしで、墓じまいしたほうがスッキリする。でも代々続いたお墓の始末を私がつけるのはちょっとなぁ。だって親戚からなんと言われるか……でも、やらなくちゃ……あぁ、やっぱり面倒」

きっと、これまで生きてきて、義理とか、つき合いとか、上手にこなしてきたんですね。「いい人」の仮面をかぶって。

だから墓じまいの実行犯になって、まわりからあれこれ言われたくないのです。

仕方ありません、いい人仮面を捨てられない人は、自分をこう鼓舞してください。

「すべてを整理する役目が私には与えられたのだ」と。

でも、本当はいい人仮面なんか捨てたほうがもっと身軽に生きていけます。

いい人仮面を捨て、あなたが実行犯になる勇気を持つには、とにかく心地よさを求めること。

例えるならサウナ。

ハッキリ言って、サウナなんて暑くて、苦しくて、何がよくて我慢しているのかと思います。でも、サウナから出たあとがスッキリと気持ちいいのでしょう？　水風呂に入って、さっぱりして、せっかく汗を出したのになぜか冷たいビールなんか飲んで。

後の心地よさのために、その前の苦しみも我慢できる。それと同じです。同じ苦労でも、望んでいることが待っていると思えば、苦労とは思わないものです。

夜に「あっ、アレやらなくちゃ」と気がついたときの、朝までの時間が長いことと、長いこと……。気づく、心に残る、というのは本当にイヤなものです。だからって、気づかないふりをしても、もう自分に嘘はつけません。

気づいちゃったら、もうやるしかない。朝、起きたらすぐに。気になっていることをやったあとの心地よさといったら、サウナの水風呂みたいなものだし、そうなれば汗をダラダラ流すような我慢も含めての心地よさに思えてきます。

そこまでいけば、「心地よさイコール悦楽だけではない」と悟り、「だから充実感も得られるのだ！」という境地に至ります。

人生に心地よさを求めると、死ぬまで人生が充実するというのは、こういうこと。

さぁ、人生のサウナに入りましょう。

だまされない終活ビジネス

終活ビジネスにからむお金のトラブルは、避けたいところです。

ありがちなのは、家族が葬儀会社と生前契約していたけれど、いざお葬式となったら思っていた内容と違って追加料金が発生した、などという話。

それだけ聞くと、「業者が悪い」となりそうですが、そう短絡的に考えるのはいかがなものか。「終活ビジネスでトラブル続出。だから業者に頼むのはやめなさい」とまでは言えないと、私は思っています。

私は母を15才のときに亡くしましたが、母が生前に入っていた葬儀会社の互助会のおかげで、すごく助かりました。互助会で積み立てたお金で、お葬式代がまかなえたからです。必ずしもそれらのビジネスが悪いとは言い切れず、あって助かる人も多いわけです。

玉石混淆で注意しなければいけないのは、なんでも同じ。使用上の注意を守らないで勝手な使い方をすれば危険です。

利用する側に必要なのは「使用上の注意をよく読みましょう」という基本姿勢と、「自分がこだわるポイントをおさえておきましょう」という事前の準備。

「他のサービスはいらないけれど、ココだけはこだわりたい」というポイントをおさえ、自分で調べて他社と比較するのはもちろん、業者とよくコミュニケーションを取り、説明に疑問があるときは納得するまで尋ねる。

今はとても安い価格の葬儀屋なんていうのもあって、さかんに宣伝もされています。安いから悪いと決めつけるのでもなく、どこまでの範囲のサービスが含まれてのその価格なのか。

含まれるサービスに自分がこだわるポイントがちゃんと入っているかを、横着せずに確かめれば、「思っていたのと違う」というガッカリはかなり防げるはずです。

ただ、昔から「安かろう、悪かろう」という言葉もあるし、「こんなに安くて大丈夫かな?」という心の引っかかりは無視しないほうがいい。

贅沢病にかかった横着者が増えた今の時代。長いデフレ経済に慣れきった頭には、「お値段以上」というフレーズが染み込んで、「安くていいもの」がまるで常識かのように洗脳されている。確かめなくても、見合った対価以上のサービスが含まれているものだと思っているのです。でもよく考えたら、そんなことはあり得ません。

自分に置き換えたらわかるけれど、給料以上のことはやりたくないでしょう？「こんなに仕事しているのに、なんで私のパート代は安いままなの⁉」とグチる一方で、自分がお金を払う立場になったら「お値段以上」を求めるだなんて、よく考えれば矛盾していないだろうか。

それに、別の見方をすれば、玉石混淆の業者を淘汰するのは消費者側、という強みがある。

例えば、以前は自然食品のお店に行かないと買えなかったオーガニック食品や無農薬野菜が、通販で手に入るようになったり、一般のスーパーマーケットでも買えるようになってきました。

これは消費者がオーガニック食品や無農薬野菜を積極的に選んで買うようになり、

売る側がそれに応えて、多く作ったり、仕入れたりした結果でしょう。

売れるものを増やすのは、ビジネスの基本。

終活ビジネスでも、ユーザーのほうで自分が望むものは何かをしっかり持って業者に求めれば、相手が応えるようになるのは自然の流れ。

だから、終活ビジネスが活況の今は、ユーザー側が業者を上手に使う絶好のチャンス。

だまされないようにとか、トラブルに巻き込まれたくないというネガティブモードより、「これからの業界図を変えるのは私の手にかかっている！」という気概で業者を見極めるほうが、ずっとポジティブで健全じゃないかと、私は思うのです。

幸せな人はひとり身か、子どものいない人

幸せな人生を送る人は、
1位・独身者、2位・子どものいない人。

過去の相談者をあまたに見てきた私の実感です。

なぜかというと、この世じまいを全部自分でやって、サッサとあの世に旅立つからです。相続で揉める人はいない。跡を継ぐ人、頼る人がいないから当然のように墓じまいし、早々に老後資金を貯蓄している。友人同士、あるいは見守りサービスで安否確認する段取りをつけていたりもする。

「そうは言ったって、それはそれで不安なんですよ」

と独身者は言うけれど、そりゃ先々が不安なのは、家族がいても、いなくても同じ。同じように不安なら、いない不安のほうがまだいいような気がします。

『渡る世間は鬼ばかり』というドラマシリーズがあれだけ続いたのは、家族がいるからでしょう。何年もすったもんだやったって、延々と鬼地獄は終わらないんですから。

となると、1位、2位の人たちの不安は、迷信にまつわることが大半です。

「私のことを供養する人がいないんですけど、成仏できますか?」というように。

これだって生前契約などで、永代供養の手はずを実務的に整えれば、この世じまいは粛々と進む。

自分が死んだあとに必要となるさまざまな手続きを、弁護士や後見人に依頼するなら費用はかかります。それも含めての老後資金は必要だけれど、お金を遺す人もいないし、自分が生きている間のお金だけ計算すればいい。極めて現実的なことです。

ひとり身とはいえ、まったく身寄りがいないという人も少ないでしょう。きょうだい、甥や姪、あるいは友だちのひとりぐらいはいるはず。

いざとなったら、そうした身近な誰かに頼もうと思っている人もいるでしょうが、この世は金次第、いや、親しき仲にも礼儀あり。かかる費用は用意したほうがいい。

ビジネスライクなほうが、逆に頼みやすいものです。あとは自分が死んだことに気づくよう、「私が死んだら、『死んだよ』って言ってね」とお願いしておく。

夫婦でもどちらかが先に死ぬわけで、子どもがいなければ最後はひとり。

となると究極、子どもがいたとしても、「子どもはいないもの」と思えばいいのではないかという考えが浮かびます。

つまり、既婚だろうが、独身だろうが、誰もが「ひとり身」か「子どものいない人」と思えば、やることは同じ。そこまでシンプルに考えたほうが気がラクだし、誰もが幸せな人生を送れるというわけなのです。

この世に未練を遺す家族がおらず、潔くこの世じまいをして、執着の「し」の字もない。結果、あの世での浄化も早い。これまでの霊視で、ひとり身でこの世をさまよっている霊はほとんど視たことがないので、心配はいりません。

遺産で釣る「家族劇場」で幸せ？

パートナーがいる人も相手への依存は禁物。

パートナーといえども他人。自分自身の責任は負えても、自分を超えた他人の責任を負うのは苦労がいる。

だって、パートナーが突然、死んで困るのは、印鑑や通帳のありかに、キャッシュカードの暗証番号……その他諸々。携帯電話のロックひとつ解除できず、手続きがなかなか進まないストレスといったら、想像しただけでうんざり。

この世じまいも、倍以上の手間とストレスがかかると覚悟したほうがいいでしょう。もし自分が死んで、そんな迷惑をかけるかと思ったら心苦しくて、おいそれと浄化できないかもしれません。

だから、紙に書いて残しておいたり、死後の手続きを弁護士に生前から頼んでおいたりということが必要になるわけです。

「私が死んだら、子どもには1円でも遺してやりたい」と、まだ思いますか？

それによって「お母さん、財産を遺してくれてありがとう」と涙ながらに感謝する子どもの姿をあの世から見て、安心して成仏できると？

いやいや、きっと死んだあとの成仏うんぬんじゃありません。「財産遺してあげるからね」という言葉をちらつかせて、生きているうちにちやほやされたいのでしょう。ホストにおひねりを渡すのと同じように。

というのが、いじわるな私の見立て。

「遺産、あげるからね」と言っていれば、息子一家や娘家族が孫を連れて足繁く遊びに来てくれる。

「ほら、ばぁばのところに行っといで」「じぃじにねだっておいで」と、孫を利用しているとわかっていても、週末には楽しそうな家族劇場が繰り広げられる。

だけど同じお金を使うなら、ビジネスとして割り切れるホストやホステスのほうが、よっぽどシンプルな気がします。イヤになったらお店を替えたり行かなければいいという気楽さも、こちらにはある。

子どもや孫はイヤになってもチェンジできない。ハッと気づけば、嫁や婿にまで気を遣っている始末。

「いや、きっと親子の愛情がそこにはある」そう信じたい気持ちはわかりますが、残念ながら幻想です。ニコニコ顔の裏で、「べーっ」と舌を出しているかもしれません。そんな身内に頼って、本当に幸せなんでしょうか。

よくある質問

「きょうだい仲良くしてほしい」と遺言に書いてもいい？

【わが家の子どもたちはきょうだい仲が悪い。揉めないようにと遺産の分配については遺言書を用意しているが、できれば仲良くしてほしいのが親の願い。それも書いていいものか？】

冷たいようですが、私なら放っておきます。

例えば遺言書に「仲良くしてね」と書き残したとしても、それで仲良くするとも思えない。親の願いだとか、そんな怨念じみた言葉に遺産をくっつけたからって「じゃあ、仲良くしましょう」だなんて、それもまた気持ち悪い話です。お金をもらって仲良くなるなら、今までの不仲はなんだったのか？

仲が悪いことにも意味があり、学びがあります。そもそも家族だからってみんなが仲良くしなければならないわけではありません。冷たく突き放せというのではなく、親子といえどもたましいは別で、子どもたちには子どもたちの人生がある。尊重するからこそ放っておくのです。

それに自分は自分のこの世じまいで精一杯のはず。自分の頭の上のハエも追えないのに、子どもたちの心配をしている余裕はないのでは？

人生、ほふく前進

人生、ほふく前進。

これはスピリチュアルな生き方の基本です。

どうやら多くの人はスピリチュアルに生きることを、「勘で行っちゃえ!」と思っているようですが、まったく違います。そんな危なっかしい生き方は不幸になるばかり。

ここまでも「思い立って」とか、「良かれ」の思い込みで行動するとどんな悲惨な結果になるか、さんざん述べてきたのでもう耳にタコができているといいのですが……。

将来の不安を解消するには、自分で調べ、勉強することが第一歩。たいていはそれで進むべき道が見つかります。その次にするのは計画と準備。ほふく前進するがごとく少しずつ堅実に進んでいくのがスピリチュアルな生き方。

「えっ、そんな当たり前すぎることを今さら？」と思うかもしれませんが、とても重要かつ、たいていの人はできていないので、あえて言っておきます。

人が生きていくうえで大事なのは、衣・食・住・医療です。

なかでも住まいと医療は、年をとってからの心配事に挙がってくる大きな問題でしょう。特にひとり身の場合は、高齢になるほど賃貸住宅も借りにくくなります。もしこの本を読んでいるあなたが若い世代なら、今からワンルームマンションのひとつでも買っておくことをおすすめします。

結婚して手狭になったら人に貸せばいい。家賃収入が得られますし、万が一のときに自分の住む場所があるというのは、どれほど心丈夫になるか。

もし持ち家がないなら、低所得でも入居可能な、都営住宅や市営住宅などの公営住宅を考えましょう。抽選の場合も多いので、早めに申し込んでおくなど情報収集を。

病気になって、入院が必要になったら保証人は誰に頼むのか。認知症になったらお金の管理はどうしたらいいのか。病気になっても自宅で過ごすことは可能か。

こうしたことは事前に、自分で調べ、準備をしておく必要があります。

どうやらテレビの特集番組の影響で孤独死を恐れる人が急増しているようですが、安否確認サービスは今や電気ポットから警備会社までいろいろあります。

なんにせよ、お金があれば選択肢は増えますが、そうでなければ自分でできる範囲のことをしていくしかありません。

どんな公的援助があるのかだって、調べておかなくちゃ。若いときからずっと病弱だったりするなら、なおさらで、補助や手当てなど公的に受けられるかの知識の有無は死活問題です。

もし私がその立場だったら、自分の病気はどれだけの助成が出るか、どんな援助を受けられるか。指定難病の対象か、障がい者何級かなど、徹底して調べます。

家賃の優遇を得られる公営住宅を探したりもします。法律について弁護士に聞いたり、ときには行政の制度を地元の政治家に直接尋ねたり、不備を訴えたりするかもしれません。

勉強し、計画性を持って準備し、お金の算段もし、最終的には公的な援助も受ける。自立と自律で乗り切る時代だと覚悟して、生き抜きます。

一番いけないのは、漠然とした不安を抱いたり、ただ嘆いたりすること。スピリチュアルな法則に「運命の法則」というのがあります。運命というのは決められたものではなく、自らで切り拓き、作りあげるものだという法則。漠然とした不安に翻弄され、嘆く人は、運命の法則を使わない人のことだと、あえて申し上げましょう。

勉強や準備、計画が面倒だからと、安易に身内に頼ろうとしてもろくなことはない。特に子どもが同居を提案してもいないのに、「老後は一緒に住みたい」的色気を出すのは依存そのもの。もし子どものためを思うなら、なおのこと子どもへの依存は避け、老後は子どもの世話になるまいと考えるはずです。

絆と言いながら、実は依存心で群がっている形ばかりの家族が多いのは、これまでのカウンセリングでも明らか。助け合いと言いながら、助けてもらうことしか考えていないのが人間だから。

そう最初から思っていれば、もし万が一にでも助けてくれたときには感謝の気持ちでいっぱいになることでしょう。

コラム

ひとり身・独居向けサービスのいろいろ

《見守りサービス》

見守りサービスは多様化が進んでいる。

親の電気ポットの使用状況を離れて住む子どものスマートフォンなどに知らせ、さりげなくふだんの生活の様子を見守るサービスは家電メーカーなどが行っている。また電話やメールなどを利用した安否確認サービスも増えているのでリサーチしておくとよい。

警備会社では、ペンダントタイプの緊急通報サービスでケガや急病の際に自ら通報できるサービスや、室内のセンサーを活用してトイレドアの開閉がされないと異常と判断し、ガードマンが駆けつけるサービスなどを提供している。

多くの自治体では地域の民生委員と連携し、安否確認のみならず福祉や生活面での相談を受けたり、支援を行ったりしているのでぜひ活用したい。

《身元保証と後見人》

入院時や賃貸住宅契約時には、身元保証人や緊急連絡先が必要となる場合が多い。身内や友人に頼れないなら身元保証を行っている団体や企業のサービスも視野に入れよう。

認知症など判断能力の低下に備えて、成年後見制度はぜひ検討しておきたい。財産管理や、病院などの手続き、医療・福祉サービスの手続きなどをしてくれる後見人をつける制度で、後見人の選び方によって、法定後見と任意後見の2種類がある。契約書を公正証書として作成するので、制度の内容も含め司法書士などの専門家に相談するのが必須。

注意したいのは、成年後見制度の契約が本人死亡時点で終了する点。死亡後も死亡届提出や社会保険の資格抹消手続きといった各種手続き（死後事務）が必要となるが、それらは遺族が行うのが一般的。もし頼める親族が身近にいない人は死後事務委任契約という選択肢もあるので、事前に調べておきたい。

《在宅医療》
ひとり身の最期は病院で迎えるものと思いがちだが、在宅医療を選択すれば自宅で最期まで過ごすことも可能になってきた。ケアマネジャーと在宅医の連携が不可欠なので、早めに地域包括支援センターや自治体の介護保険課、居宅介護支援事業所、在宅療養支援診療所、通院中の病院などに相談を。自分がどこで最期を迎えたいかを考え、健康なうちからリサーチしておくといざというときスムース。

自分に嘘をつかない心地よさを知ろう

私は東京生まれの東京育ちでしたが、現在は熱海に暮らしています。

今の私にとって東京は、自分でテンションを上げないとついていけない場所です。モードを変えて、ひと呼吸ついていてしまった人間には、戻れない場所かもしれません。

年齢とともに、誰もがいつかは生きるモードやペースを切り替えるときが来るとは思いますが、平均寿命が延びた今、50代といってもあと30年余りは生きる計算。その時間を今までと同じように突っ走って、本当の心地よさに気づけないのはもったいないのではないか。だから自分でモードを切り替える努力を、一度はしてみるべきだと思うのです。

それでもまだエキサイティングに生きることが自分の心地いい人生ならば、それでもいいと思います。

後はそれぞれ自分のモードに合ったこの世じまいを準備するだけ。いずれにせよ、人生の最期で「あぁ、自分に嘘をついていたな」と気づいても、遅いわけです。死ぬときのことを考えて、どんな人生なら後悔しないのか。それをよく見つめて、今からモードを切り替えるなり、突っ走るなりしたほうが、残りの人生が充実するのではないでしょうか。

仕事とプライベートをきっちり分けたい人は、都会で仕事をし、プライベートは田舎で過ごすという二重拠点の暮らしが心地いいかもしれない。仕事は変えずに、でも田舎で暮らしたいなら、仕事はリモートにし、都会の自宅を賃貸に出して自分は田舎暮らしというパターンもいい。

田舎でも交通の便の良い場所を選び、ＩＴを上手に取り入れれば、心地よさを追求できる、いい時代になりました。豊かな暮らしの選択肢が増えたのですから、もう自分に嘘をつかなくてもいいのです。

そこで出てくるのが、人生の最終章をどこで暮らすかについてです。どの国で、あるいはどの地域で。

将来のビジョンは決めておいたほうが、満足した人生を送れると思います。

時代はグローバルになり、海外で暮らす人も増えました。気づけば日本よりも海外生活が長いという人も。もしかすると日本に帰りたい気持ちはあるものの、やっぱり海外のほうが自分に合っているという場合もあるかもしれません。

国内でもふるさとを離れたり、各地を転々としたりする人もいる。その土地ごとに文化が異なり、人間関係の濃さや薄さもいろいろ。自分がどういうところで暮らしたいか、自分らしくいられるのはどこか、自分という質を見極める。それに合わせて、資金を用意したり、友だちや人脈を作って情報交換したり、準備を進める。夫婦であっても意見が合わないこともあるわけで、お互いを尊重した結果、離婚とまではいかなくても別居して「卒婚」を選ぶ人もいるでしょう。

昔のように、突然田舎暮らしを決断した夫が、都会に残りたい妻を強引に連れて行くなんて、拷問的行為と受け取られかねませんから要注意。今は必ずしも夫婦単位でいなくても、ポジティブにとらえる時代。夫婦がどんな未来を生きたいのか、ファイナンシャルプランも含めてよく考えておけば摩擦は少ないはずです。

計画性がなく、いきあたりばったりで生きた人は、落とし穴にはまる。つまり、不幸は自分で作っているんだと思います。

同じ人生を歩んでも、「自分はこれでいいんだ」と腹くくりができている人と、「なんで私はこんな人生なの」と自己憐憫、責任転嫁、依存心にまみれている人とでは、幸せの感じ方がまったく違ってくるからです。

そういった意味では、お墓も仏壇も老後も、すべてにおいて惑い、不安感にさいなまれている人は、腹くくりがないのかもしれませんね。

ストイックより心地いい未来

2018年に亡くなった女優の樹木希林さんは、晩年、物をずいぶんと整理して、厳選した家具や器だけに囲まれた暮らしをしていたそうです。

テレビ番組で、ロケ先の方から記念品を贈られても「お気持ちだけで」と丁寧に固辞していた姿がとても印象的でしたし、清々しく思えました。希林さんのような暮らしの心地よさは、私もすごく理解できます。何も物が載っていないテーブルでお茶を飲むようなシンプルさや、ミニマムな暮らしには私も憧れるからです。

ただ私は、ストイックに物を処分するよりも、心地いい空間を作りたいと思います。テーブルの上には、自分の好きな仏像などの置物を飾るのが心地いいし、季節ごとに部屋の飾りを替えるような暮らしが楽しいからです。

思い切った片付けや処分がブームになる陰で、「そうはいってても捨てるのって大変なんだよ」と独りごちている人は多いでしょう。

だから片付けると言いながら、こっちからあっちに物を移動しただけでやった気になったり、積んである服を捨てるどころか、整理して入れる衣装ケースを買ってきて余計に物が増えたり。服一枚、捨てるのだって「えい！」っと思わなければできないくらい、片付けや処分には、勇気がいるもの。

でも、総じて心が整理できていない人は、物を整理できないと言っても過言ではない。思い出にすがったり、失うことへの恐れや不安があったり、物がない時代を過ごしているトラウマも含め、心のなかにいろいろな思いがあるのです。

もしかしたら親から「まだ使える物を捨てたらバチが当たる」と言われて育ち、捨てることに罪悪感があるのかも。

よく、「死んだら片付けるのが大変だからといくら言っても処分しようとしない夫」に困る妻がいますが、なぜできないのか、その心を探ることが重要です。

片付けや処分ができないことを嘆いたり闇雲に説得するより、「あなたの寂しさ、哀しさ、捨てたくない思い出はなんなの？」と寄り添ってみてはいかがでしょう？

裸一貫なんていう古い言葉もありますが、何があっても生きていけるという思いがある人は、思い切った処分もどんどん進みます。過去を見ずに、今日と明日しかない、と思って生きることを心がけてみると、物に執着しなくなります。

1年使わなかった物は一生使わない、とか片付け術の本にあるでしょう？　それを目安に、荒療治的にいったんリセットするつもりですべてを処分するという手もありますよ。そこで「あぁ、捨てちゃった」という罪悪感に、一度さいなまれる。

すると、次は安易に買わなくなるでしょう。捨てるときのことを考えて買うとか、本当に必要なものだけ、大事にするものだけ買うとか。

人が生きていくには、スーツケースひとつあれば十分という説も。

どんな大きさのスーツケースかは言及しないでおきますが、一度、スーツケースに必要な物を厳選して詰め、生活してみてもいいかもしれません。

今はなんでも安く手に入ります。だからといって物を増やすこと自体が重荷になりますし、安い物だからと、数回使った程度で捨てるのも、これまた心の重荷です。物というのが、いかに自分を不自由にさせるか。

これも物があふれる現代に生きるからこそ、気づくことかもしれません。

以前ならエコバッグを持っていると環境への意識が高い人と思われていたのが、今ではレジ袋は基本有料。誰もがエコバッグを持つのが当たり前になりました。

「どうせ人生は短いし、レジ袋だってバンバン使っていいじゃん。自分が死んだあとの地球のことなんて知らないよ」という生き方は、カッコ悪いし、どこか心地よくないということにみんなが気づいたわけです。

子どもや孫、まだ見ぬ子孫にとっての心地いい未来や社会のことまでも考えるのが、自分にとっても心地いい生き方。

この世じまいや身のまわりの品の処分も、未来の子孫や環境に寄与する、エコで、サステイナブルで、カッコいい生き方の表れだということに、気づくのです。

第9章

死に方について考えよう

どこで死にたいですか

さて、あの世の旅が良きものになるために、そろそろどのように死を迎えたらいいかを、この世視点で考えていきましょう。

まずは死に場所からです。

自分で希望を挙げるとしたらだいたいこのふたつ。病院で死ぬか、自宅で死ぬか。住み慣れた家で、家族に看取られながら最期を迎えたい。自宅で死ぬのが理想だ、という人は、一定数いるようです。

昔なら自宅も当たり前でしたが、今の時代は多くが病院で最期を迎えます。それだけに、「家で死ぬのはけっこう大変」だと、在宅医の方から聞きました。

自分が、ではなく、「家族が大変だ」と言うのです。病院なら、定期的にシーツを換えてくれたり、掃除もしてくれたりする。食事もちゃんと運ばれてくるし、何かあればナースコールですぐ呼べる。亡くなったあとの処置も「お部屋からいったん出てくださいね」と言われて出ている間に、手慣れた担当の人がやってくれる。

それが自宅だと、いくら在宅医が来てくれても、家族による介護は多少なりとも必要。掃除や洗濯といった家事も担ったり、病院でなら見なくていい処置を目の当たりにしたりすることも。家族の体力的、精神的な負担がかなり大きいのです。

また、昔は家で子どもが生まれたり、人が亡くなったりは日常だったけれど、今は非日常。こうしてたましいのことや人の生き死にについて知り、覚悟していたとしても、実際に自宅で人が死ぬのは非日常な出来事だけに、なかにはショックを受けて、トラウマに感じる人もいるとか。


冒頭でお話ししたように、死に行く側は苦しくない。でも見送る家族の側にトラウマが残るとしたら、とんだ置き土産じゃなかろうか。

もちろんどこで死にたいか、最期ぐらい希望を言ってもいい。でも、もし気持ちに余裕があるならば、現実的な負担、家族の気持ちも慮ってみてはどうかと思うのです。現場の話を聞くと、なおさらに。

ちなみに私は、昔から病院で死にたい派で、しかも景色のいいところにあるきれいな病院が希望。「ここならいいな」という「私史上ナンバーワンの病院」を常にリサーチ中です。

死の不安

死ぬのが怖い。

その感情は素直に認めていいと思います。

「そんな感情は忘れなさい」と言われても怖いものは怖いだろうし、「あの世はあるから大丈夫」と霊能者の私からいくら聞かされても、実際は死んでみなければわからないわけですし、怖さを打ち消すのはムリだからです。


死をリアルに感じるのは、たぶん同級生の訃報を受けるなど、身近な人が突然、亡くなったときでしょう。「この間、会ったばかりなのに」と驚き、急に「もうそういう年なのか……」と、死が近づいたような実感がわいてくる。そして「次は自分じゃないか!?」という不安に駆られるのです。

別の見方をするなら、不安に対してはなんでもとことん調べることがひとつの解決法。死も同じです。怖いなら、死についてとことん調べてみたらいい。

世の中には臨死体験を語った書籍もたくさん出ています。眉唾物もありますが、脳神経外科医が自らの臨死体験を書いたものもあって、論理的な分析などは参考になるはずです。

死の恐怖や不安を抱えているよりも辛いのは、やはり執着があることだと、私は思います。

私は死んだあとに悔やみたくない。いかに充実した今日を生きるかを考えたい。よく写真を見て、過去に戻りたいと言う人がいますが、私はこれっぽっちも思いません。戻りたい人はよっぽど体力があるんだと感心すらします。私はもう一回やるだなんて、そんな面倒くさいことは絶対にイヤ!

だったら、今日を一番楽しくしたい！　あるのは、今日と明日だけ。昨日すらない。なくした物に対しても、探して見つからなければ「なくなったならしょうがないよね」と引きずりません。そんな自分を、少し冷たいかなと思うときはありますが、あきらめ上手なんだと思います。惜しむ気はあるけれど、仕方ないとあきらめる。

となると、執着が残らない最期のあり方だって選ばなくちゃと思うわけです。自分が病気で余命わずかとなったら、延命治療よりも生のクオリティを求めたいとか。執着をひとつでも減らしておきたいなと思うのです。

子どもを遺していくこと

この世への未練がなかなか断てないケースがあるとしたら、それは幼い子どもを遺して亡くなる親でしょう。

そんな親の霊がこの世に留まっているとしても、私は「早くあの世に行って、浄化しなさい」とは言いにくい。「仕方ないよね」と同情します。

親たるもの、子どもがある程度、成長した姿を見て「ああ、これがこの子の人生なんだ」とあきらめにも似た境地に至るまで、幽現界にとどまってしまうかもしれません。愛着という執着でもあるわけですが、それを断つひとつの方法は、命のしくみを知ることです。

あの世では上の世界に進むほど視野が広がり、クリアになります。自分以外のこともよく見えるし、理解できるようになるのです。するとわが子に「親を亡くして生きる人生、そのカリキュラムと学び」があることも、わかります。

広い視野は、生きている今だって持てます。

この世に生まれるとはどういうことか、人生とは、生きるとは、家族とは何か。すべては大きなしくみのなかの営み、仏教的な言い方をすれば、お釈迦様の手のひらの上にいるようなものであり、すべては必然である。

その視点と自覚を持てば、自分の身に起きることを受け入れ、自分の責任で背負っていくだけ。もっと平たく言えば、やるだけのことをやってダメならしょうがないということです。

愛着というのは一見、聞こえはいいけれど別の見方をすれば傲慢とも言えます。わが子を思うことは悪いことではないし、素晴らしいことでしょう。ところが「この子には私じゃなきゃダメだ」となると、それは傲慢ではないかと。なんでも行き過ぎれば、傲慢になるという歯止めは持っておきたいものだし、親であればなおさらです。

ただ、私がこれまで出会った相談者のなかでも身につまされたのは、障がいを持っている子どもの親御さんが、自らの死後に子どもの行く末を心配する場合です。いくらシンプルに考えようとしても苦しいでしょう。親の立場で考えれば、障がいのある子どもを遺して亡くなり、あの世から見守るしかできないのはもどかしい。それでも、スピリチュアリズムで考えれば、すべての人には学びがあります。障がいのある子どもにもその子の学びがあって、人生があるし、そして必ず守られます。私は早くに親を亡くし、自立せざるを得ませんでした。障がいのあるお子さんの苦労とはまったく違いますが、親がいなくてもなんとか生きてこられました。

気休めに聞こえるかもしれませんが、人生はあっという間です。いずれみんなこの世を去って、あの世で子どもを迎える日が必ず来ます。

それまで多少の苦労はあっても、世の中にはやさしい人もいるし、支えてくれる人もいて、必ず守られる。そう思って腹をくくり、自らは浄化の道へ進むしかないのです。

障がいのある子どもを持つ親御さんは、ふだんから覚悟ができている人が多いように思います。一日の終わりに、その日一日を過ごせたことに感謝するほど、毎日を大切に生きている。

自分がいなくなったときのことも考えて、子どもが自立できるようにと福祉作業所を自ら運営する方もいます。

昔と違って、障がい者を支えるグループホームや作業所なども増えましたが、まだ十分とは言えない状況です。もっと増えてほしいし、世間の人たちも、もっとやさしい気持ちで接してほしい。子どもに「生きる歓びを感じてほしい」と願うのはどの親も同じでしょう。

良い種をまけば、必ず自分にも良いことが返ってきます。どうしてこんなに助けてもらえるんだろう、というときは、やっぱりそれまでの人生で誰かを助けてきているからです。
そう思うと、人を助けることはあまり大仰に言うべきことではないのだとも思います。当たり前なこと、ただそれだけのことだと自然に行うべきでしょう。

コラム

特定贈与信託とは

特定贈与信託とは、障がいを持つ人のために、親族などが金銭などの財産を信託する制度。信託会社や信託銀行に信託すると、信託会社等が財産を管理・運用し、障がいを持つ人に、生活費や医療費として、定期的にお金が渡されるというもの。障がいの程度によって贈与税の非課税枠が違ったり、信託会社等に手数料を払う必要があったり、また信託先によって金額が違うなど注意する点はあるが、選択肢のひとつとして覚えておきたい。

家族に看取られない死

新型コロナウイルスは、最期の別れの形も変えました。

感染症という病のため、家族が対面で看取ることはできず、なかには亡くなってからの対面もなしに火葬されるケースや、また、感染症による入院でなくとも、予防のために病院での面会を禁止している場合もあります。

自分が心地よく生き、死んでいくには、何が必要か。

この世じまいのポイントとして挙げた項目のひとつですが、「家族に看取られることが心地よい死を迎えることに必要だ」と思っている人にとっては、昨今の状況ではそれが叶わないことになります。

家族の看取りが叶わないのは気の毒ですが、コロナ禍では医療従事者の方々がとても献身的にケアをし、ちゃんと看取ってくださっていることでしょう。そのことは忘れないでおきたいものです。

キリスト教には、神父さんに罪を告白し、神の前で悔い改める告解《こっかい》があります。死を前にしての告解で、「あなたの罪は赦されました」と神父さんに言われると、安心したような表情になるそうです。

心を軽くして、心地よく死んでいくための、大切な看取りの一種だと思います。どんな人でも、最期の瞬間は心地よいものでありたい。それにはやっぱり赦されること、心の重荷をとることが重要なのではないでしょうか。

いつどういう形で自分が死ぬかはわかりません。

家族に看取られない、突然の死だとしても、心地よい死を迎えるためには、その前に心の重荷を自らで取っておくことが大切でしょう。

この世じまいは、セルフで看取りの準備をするようなもの。

だって、何を赦されたいかは、自分が一番よく知っているわけですから。

ペットより1日でも長く生きて

わが家には、大我《たいが》という名前の紀州犬がいます。

大我は私が人生で最後に飼う犬だと思って、2019年に高野山の丹生都比売《にうつひめ》神社より迎え入れました。

犬の寿命を考えると、大我を飼い遂げたとして、そのとき私は70才を超えている。そこから新たな犬を飼うのは体力的にもムリだし、何より飼い遂げられないだろうからです。

ペットとはいえ命を預かるというのは、その命がまっとうするまで世話をする責任があります。

もし私が大我より先に死んだら、大我を世話する人は誰かというのも決めてあります。大我にとって、一緒にいてストレスなく過ごせそうな相手をちゃんと選んで、申し送りもしています。

以前、私の親戚が亡くなったとき、飼い主が死んだことを悟った犬が、お通夜の間中ずっと悲しげに泣いていました。庭で、悲痛な鳴き声をあげていた姿を思うと、大我にはそんな思いをさせたくない。

だから私は大我に「お前より1日でも長く生きるからな」と言っています。

ペットは「飼い主がいなくなると生きていけない」と自己保存本能が強い生きもの。ペットより先に飼い主がいなくなるのは、とてもかわいそうなことです。

実は動物は、飼い主より先に死んでもあまり未練を遺すことはありません。むしろ飼い主のほうがいつまでもペットロスで寂しがっていることが、浄化を遅らせる原因となります。

犬も私も心地よく暮らし、心地よく死ぬにはどうしたらいいかまで考えてのこの世じまい。

私は大我より1日でも長く生きるために、毎日、一緒に散歩して、足腰も鍛えています。

おかげで痛かった脚の関節も、いつのまにかよくなってきました。まるで大我が私に、健康を運んできてくれたようです。

ですからこの世じまいといっても、ネガティブな悲壮感はありません。覚悟を持って、日々接していると、きっとお別れの日が来てもペットロスにはならないような気がします。

寂しさはあるにせよ、むしろ「自分より先に逝ってくれて、ありがとう」という感謝と、今までいい時間が過ごせたという充実感のほうが大きいのではないかと思うのです。

よくある質問

ペットを手放したら恨まれる?

【老人ホームなどの施設はペット可のところは少ないよう。もし施設に入るとき、飼っているペットを手放したら、ペットは私を恨むだろうか?】

動物の立場で言えば、かわいそうでしかありません。ペットにとって飼い主は絶対で、いなくなるのは生きる希望を失うことだからです。

次に誰かが大事に飼ってくれても、最初の飼い主を忘れることは決してない。それなのに「恨まないだろうか」なんて、自己保身の考えでしかなく、ペットのことを考えていない証拠です。

以前、老犬ホームの取材に行ったとき、やむを得ずペットの犬を老犬ホームに預けている人がいました。

その方は自らペットの食事を作り、それを持って老犬ホームに通っていました。年老いた犬がのむ薬や点眼薬の指示も、細かくスタッフに伝達していたのです。

ペットも家族だと思うからこそ、そこまでできるのです。

もしどうしてもペットを手放さなければならない状況なら、本当に信頼できる相手や施設を探して預け、極力自分も面会に行くのが家族であるペットのためではないでしょうか。

看取れなかった人へ

見送る側の人は、家族など看取れなかったときに悔やみを持ちます。

「亡くなる瞬間、そばにいてあげられなかった」と。

冷たい言い方かもしれませんが、それはひとりよがりな考えかもしれません。

だって誰もが「亡くなる瞬間はそばにいてほしい」と思うとは限らないから。


あの世の話でさんざんわかったでしょうが、死は終わりじゃありません。

亡くなる瞬間まで一緒にいることは、「トイレまで一緒に入られちゃうような感じ」にも等しいと、私は思っています。トイレはひとりで入りたいし、ドアは閉めさせてもらいたい。それぐらいプライベートな瞬間ではないかと。

臨終のときまで誰かが手を握って、足をさすって……なんてされたら、私は拘束されているみたいでイヤだし、鬱陶しいと思ってしまいます。

それに、長い闘病生活で鼻毛なんか出ていたら恥ずかしいから、お見舞いもこないでほしい。どうか、きれいなところまでで、思い出はとどめておいて！

私だけでしょうか、こんなふうに思うのは。

よく、入院中の家族が亡くなって、「ちょっと家に帰ったときに、亡くなってしまい、看取れなかったのです」と悔やむ人がいます。

でも亡くなった人は、「ひとりでひっそり死にたい」「家族には看取ってほしくないな」と思って、あの世へ行くタイミングをどうしようかと、隙を狙っていた可能性だってある。

だから意外にも「そばにいなくてよかった」と、ホッとしているかもしれません。

第10章

究極のミニマル成仏を目指して

この世じまい適齢期

いくつになったら、この世じまいを始めるのか。

この世じまいは心地いい人生、心地いい暮らしを送るためのものだし、早くに心地いいフィールドを作れば、その先もずっと幸せに暮らせる。だったら若い人だってこの世じまいをしたっていい。

いくつからこの世じまいを始めてもいいわけですが、あえて始めどきがあるとしたら40代あたりからではないかと、私は感じています。


40代は、人生の後半戦を考えるにはとても現実的な年代と言えます。

仕事も波に乗ってきて、子ども、夫婦のことなど、これからのファイナンシャルプランを立て、ちょっと頑張って貯蓄を増やすにも十分間に合う。フットワーク軽く、人脈だって新たに作れるし、体力があり、いい意味での強気さがある年代です。

ここでぜひ人生設計を具体化し、この世じまいのプランを考えて、実践し始めてほしい。

50代はだんだん体調面で不安を感じ始めるお年頃。そのぶん切実さは増してくるはずなので、まだの方はぜひ取り組んでほしい。

ここで始めておかないとなかなか腰が重くなります。

周囲の急な訃報に「あるよねぇ」とリアルな死を感じ始めながらも、まだ自分は現役なので、つい先送りしがちだからです。

実務面で「じゃ、弁護士に相談して……」と思っても、若いときのようなフットワークの良さがなくなってすぐには動けない。どうもスピード感が若い頃とは違うぞと、まるで子どもの運動会で転ぶお父さんのように、何かにつけできない自分に愕然とし、現実逃避したくなります。

でも逃げずに、せめて将来どこに住むのかなどはぼちぼち決めておいたほうがいい。夫婦間の価値観の違いだってもうわかる年代です。夫は田舎に帰りたい、妻は都会に残りたいといったギャップをどうするかなど、ケンカは先にしておいたほうがお互いのためです。

そして60代になると、片ほうに足かせがはめられたようになるので要注意。一刻も早く、手をつけて。

例えばこの先どこにどう住むかを決めていないと、子どもたちが二世帯住宅のプランなどを持ち込んできます。「親の面倒をみてくれようとしているのか！」とヘンに感動したら最後。あれよあれよと共同でローンを組んだりして、孫の世話までするハメに。

家族関係がうまくいけばいいけれど、破綻したときはローンの支払いに、相続問題もからんでドロドロの家族劇場が開幕。そしてわが子から「オヤジ、出て行ってくれ」と言われるような幕切れが。

追い打ちをかけるように病気になったりすれば、この世じまいもかなり厳しい選択肢しか残っていないということになりかねません。

年をとればとるほど、現実は見たくないものだし、面倒になります。

70代以降はどうしたらいいか。

その年までこの世じまいをしていなかったとしたら、その生き方を受け止めましょう。これが自分の人生だと。

あとは心地よく生きることを考え、この本に書いてあることで、できることをやり、執着をひとつでもなくしていくことでしょう。

これからの時代、悠々自適で老後を送れる人は少ないかもしれません。

下流老人だの、老後破綻だのはテレビや雑誌のあおり文句だとしても、昔のような右肩上がりの経済などは望むべくもないのはわかります。貯蓄が少なくて引退なんてムリ。いつまで働けばいいんだ、と思ったとしても、高齢でも働ける人は幸せだと思います。

この世で不幸なのは、誰からもあてにされないこと。社会のなかで必要とされているなら、働けるうちは働いたほうが幸せを感じられます。

例えば、子育て経験を活かして、シングルマザーのベビーシッターをするのもいいでしょう。核家族化が進み、おじいちゃん、おばあちゃんと触れ合う機会が激減している今だからこそ、高齢者のベビーシッターは情操教育にも一役買うはず。

高齢だから働けないと決めつける、狭い視野やカタい思考が不幸を招くのではないかと思うのです。

老後に子どもと同居してにぎやかに暮らしている人、高級な老人ホームに入居している人、健康でのんびりひとり暮らしをしている人……。

他人の暮らしぶりを見て、うらやましく思うこともあるでしょう。きれい事だと言えばそれまでですが、うらやましく見える人自身が、心からの幸せを感じているかどうかはわかりません。

自分の幸せは、自分が作りあげるもの。

人と比べるものではないし、人から見られてどう思われるかでもない。

「じゃ、あなたはどういうふうに暮らすのが幸せですか？」

そう問いかけられたとき、明確なビジョンを描けるか。

人によっては、ペットの犬と仲良く暮らせれば、それで幸せだという人もいる。

私だったら、毎日、なんとなく暮らすことが幸せです。家を掃除して、洗濯をして、自分が食べたいご飯を作って食べて、犬の散歩をして、それですごく充実感を味わえる。

明確なビジョンを、片っ端から書き出して、ひとつずつ実現させていけば、誰でも、何才からでも、幸せな人生を作り上げられるんじゃないかと、思っています。

60才で誰もが一度死ぬ

この世じまいをすることは、自分をあの世側に持っていく生前葬に通じます。

生前葬をすると、この世のことはホントにもう些細なことになります。

「許せない！」と思ったことも、あの世から俯瞰して見られるようになり、「まぁ、あれも楽しかったな」「ちょっとしたいがみ合いも、面白いもんだった」と見方が変わるのです。

死を意識するような病気になった人は、よく「すべてに感謝できるようになる」とおっしゃいます。実際に生前葬をしなくても、病気にならなくても、この世じまいをやっていくと、感謝の境地に至れます。

ざっくり言えば、気持ちがラクになる。だからいくつになったらとか、若いからまだ必要ないとかではなく、早いうちから〝この世じまっとく〟ことをオススメします。

この世の暮らしがミニマルになって、浄化も早くてあの世でもミニマル。この世じまいは究極のミニマル成仏と言えるのではないでしょうか。

60代より上の年代の方には申し訳ないですが、50代以下の方々は想像してみてください。60才で死ぬと。

昔は人生50年と言われましたし、そう思えば60才はすでに死後。

しかも還暦で生まれ年の干支に戻ることから生まれ変わりを意味するとも、隠居の年齢とも言われます。そう考えたらあながち空想とも言えない。

誰でも、元気でも、60才で死ぬと考え、60才を超えたら死後の世界と想像してみたとき、死後の世界を天国にするか、地獄にするかは、自分次第ではないでしょうか。

生き天国と、生き地獄、どちらがご希望？

どちらかを決めずに、フラフラさまよう生き浮遊霊になるのはツラいし、生き地縛霊で子どもに取り憑くのは想像するだに恐ろしい。濡れ落ち葉で夫が妻に取り憑くのも、悲惨です。

そういう想像をすると、今のうちにやっておかねばならないことが、明確に見えてくるというわけ。

60代以降の方は、果たして天国と地獄、今はどちらにいるか考えてみましょう。死んだ気になれば、何でもできると言いますし、ぜひ天国に移動していただきたい。

ひと昔前なら、死にまつわる話はタブーでした。生命保険の話が家族の間で出ると、急に緊張感が走ったものです。

生命保険をかけるイコール殺人が起きる、というサスペンスドラマのような発想は、昔は当たり前だったよう。

子どもが親に生命保険を勧めようものなら、「人を殺す気か?」「死ぬのを待っているのか?」「どうせ早く死ねばいいと思っているんだろう」などと一喝され、親子ゲンカに。

下町育ちの私も、子どもの頃は似たような会話をご近所で見聞きしました。

でも今や、テレビのCMでは「こんな生命保険があるんだよ」「あら、いいじゃない」などという会話が明るく紹介されるように。

「死に支度をすると早く死ぬ」「死を考えるのは縁起でもない」といった迷信からも解放され、自らの死をオープンに語ったり、想像したりできる時代になったなんて、変われば変わるものですね。

だからもっと自由に、心地よさを追求し、軽やかに生き、心地よく死んでいこうではありませんか。

忘れられても「しょうがない」

どれだけこの世じまいで心の重荷を下ろしても、人間には最後に残る思いがあるようです。

それは「自分のことを忘れないでほしい」ということ。

冷水を浴びせるようですが、歴史に名を刻むようなことを成し遂げた人ならいざ知らず、人望もないのに「覚えていてね」と言われても、なかなか記憶には残りにくいのではないかと……。

しかも悪いことで覚えられ、ずっとそれを言われ続けたいわけではないでしょう。

仏教では三回忌や七回忌といった供養の行事がありますが、こうしたことがなければ忘れられてしまうようなら、もう何があっても忘れられてしまうと、潔くあきらめたほうがいいかもしれません。

忘れられても、「しょうがないじゃない」と。

また、エンディングノートに自分の希望や家族に伝えたい思いを書くのはとてもいいことですし、重要です。私も書いていますが、それが実現されなくても「知～らない！」と思っています。

私が死んだあと、愛犬を信頼する人に託したとしても、その人が本当にかわいがってくれるかはわかりません。私利私欲に駆られて、「江原啓之の愛犬」ブランドでビジネスを始めないとも限らない。

でも「人ってそういうもの」と思えば、「そんなはずじゃなかった」ではなく、「やっぱりそうなったか」とあきらめもつく。「コイツ、やりやがったな」と、あの世から恨みの念のひとつも飛ばしたとしても、すぐに「何をしでかすかわからないのが人間。怖いねぇ」で終わりそう。

あとは、その人がカルマを背負うだけなので、私のあずかり知らぬところです。

大事なのは生きている間に、やりたいことを我慢せずにやっておくことだし、あの世で腹を立ててもしょうがない。

心地よく生き、準備もやるだけやって、死んだらあとは「しょうがない」で、究極はいいのではないかと思うのです。

予定が変わっても大丈夫

私は、たとえ今、死んだとしても悔いはありません。

もっともっと、と思ってもキリはないから。そう思うといつ死んでも大丈夫！

そもそも、悔いに思うこと自体、傲慢な気がします。

私はスピリチュアリズムを通して生き方を伝えていますが、今日、伝えられることを精一杯伝えるだけだと、いつも思っています。それ以上のことを望むのは贅沢というもの。

何か成果を残したい、ここまでやりたいというのは傲慢。やれたらいいなぁと思うことはあっても、できなかったらできなかったまでのこと。結果を見届けたいというのだって、傲慢そのものじゃないかと。

この本も、読んでくれた方が少しでも「目から鱗が落ちました」と思ってくださるよう、私は言葉を記してきました。

「へ〜、お墓なんてこだわらなくていいんだ」と納得したり、「仏壇に他家の位牌があってもいいのね」と気持ちが軽くなったりして、少しでもトラブルが減ったらいいなと願っています。


人生はどうなるかわからない。どんなに用意周到に準備しても、予定が変わることはあります。でもちょっとぐらい寄り道しても、必ず人間は死ぬので私は安心しています。なぜ安心かと言えば、あの世よりこの世で生きているほうが、ずっと大変だと思うからです。

その寄り道は、人工呼吸器につながれることかもしれないし、突然の昏睡状態かもしれない。「あぁ、こんな予定じゃなかった」「ずいぶん早いじゃないか」などと思うかもしれませんが、どんな寄り道があっても五十歩百歩といったところじゃないかと。

長期戦で考えてファイナンシャルプランニングしていたのに、こんなに早いならもっと食べたい物を食べておけばよかった、という可能性が、私にはあるかもしれません。そう思うと摂生し過ぎずに、饅重が食べたいときは食べちゃおうかな、なんて思ったりも。

だからもしあなたが、「この世じまいなんて面倒！」だと思うなら、なんの準備もしなくたっていい。

家族のことを考えるのも、片付けも、お葬式の段取りも、何もかも面倒でたまらないと思うなら、この世の一切に執着しないと決めて、すべてを無責任に放り出したまま死んでもかまわないと思います。

ゴミ屋敷はゴミ屋敷のまんまでいいでしょう。その代わり、あなたのパンツも、日記も、全部誰かに見られます。それでよければ、そのままでどうぞ、どうぞ。

ただし！　その死に方、人としていかがなものか。

無責任過ぎないかという思いがちらっとでも、頭をよぎったりはしない？　立つ鳥跡を濁さず。せめてそのぶんだけはちゃんとやったほうがいいんじゃないかと思うし、たましいの視点から見れば、こうも言える。濁しっぱなしの分はいつか必ずやらなければいけない宿題として、自らのカルマになると。

掃除も何もせず、ゴミを残したまま賃貸契約を終えて出て行くアパートの住人みたいなもので、自分がそれをすれば、いつか同じようなことが自分に返ってくる。

あの世の旅がどうなるかまで想像したら、死に逃げはできないと思いませんか？

それがイヤだったら、最低限、できる限りの片付けはして出て行こうね、ということです。

新しい時代の成仏

供養の仕方も、昔とはずいぶん変わったと感じた方も多いでしょう。

複雑で多様化している時代だからこそ、むしろ余計な枝葉をそぎ落として考える必要があると言えます。

スピリチュアリズムは生きる哲学の根幹そのものなので、時代の変化は関係ありません。スピリチュアリズムで考えると、むしろシンプルに考えられるのです。夫婦別姓や同性婚、養子といった家族の姿は多様化の一例ですが、私たちがたましいの存在であるという視点に立てば、シンプルに理解できるように。言い方を変えれば、多様化の時代は、霊的真理でなければ分析できない時代なのではないでしょうか。

たましいにはもともと性別はなく、家族であってもたましいは別。そのことだけとっても、お墓のあり方、供養のあり方、お葬式のあり方、すべてがクリアになります。

これからの時代は、ミニマル成仏です。

宗教や宗派も関係ない、自分の意志ひとつで浄化はできます。

この本を読んだあなたは、もう心地よく生きられるし、心地よくあの世に逝けて、迷いません。どうぞ、ご安心ください。

あとがきにかえて

生きることは迷惑じゃない

「迷惑をかけたくない」が終活の枕言葉のようになっていますが、生きることは迷惑ではありません。

これは命の根源に関わることなので、声を大にして私は言いたいのです。

2021年4月にお亡くなりになった脚本家の橋田壽賀子さんは、私と同じ熱海在住でした。雑誌の対談などでも何度かご一緒しましたが、安楽死を希望されていた橋田さんと、安楽死反対の私が対談でちょっとしたバトルになったことを覚えていらっしゃる方もいるでしょう。

橋田さんは「年をとって人に迷惑をかけたくない」という理由で、安楽死希望だとずっとおっしゃっていましたが、本当に死にたいわけではなかったと思うのです。

なぜなら、最後まで精力的にお仕事されていましたし、健康のためにと運動も続けられていた。人生を悲観しての安楽死希望ではなく、いざとなったら安楽死があるという最後の頼みの綱、お守りを持つような気持ちでいたのではないでしょうか。

私は安楽死には反対ですが、尊厳死には賛成です。

尊厳死というのは、治療法がなく余命が限られている場合に、積極的治療や延命治療を望まず、残された時間を有意義に過ごすこと。そのために緩和ケアなどで痛みのコントロールをしながら、最後にしておきたいことをしたりしてから、この世を去ることです。

これはいわば心地よさを追求した死ではないでしょうか。

一方の安楽死は、自殺に等しいと、私は思っています。

しかも「生きていても仕方がない」「迷惑をかけたくない」などという理由で安楽死を選ぶことを良しとするのは、人の命に優劣をつける優生思想につながる危険があります。病気で寝たきりの人や、寿命まで精いっぱい生きようとしている人が、

「私も生きていてはいけないのだろうか」と思うかもしれず、残酷なプレッシャーを与える可能性もあるのです。

自分だって誰かのお世話になることもある。そう思って、みんながお互いに迷惑をかけたり、助け合ったりするのが社会ではないでしょうか。

価値があるから生きるのではない。生き抜くことに価値がある。

どんな命も寿命をまっとうしなければならず、命の期限を自らで決めるのは自殺と同じ。だから安楽死には反対なのです。

ただ私は最近、こうも思うのです。

安楽死にはあくまで反対だけれど、自然に反した結果の苦しみには、容認されることもあるのではないか。

例えば原発事故による被曝は、自然に反した核開発によって起きる苦しみで、ふつうの病とは違います。痛みを取る術もなく、苦しみのなかで死を待つそうで、想像を絶するものです。

もしその人が安楽死を望むのなら、それは受け入れてあげるのが愛かもしれないし、もう尊厳死に値するのではないかとすら思うのです。

原発を稼働させるなら、核廃棄物の処理方法はもちろんのこと、被曝による病気の治療や、その緩和ケアまで確立させてから稼働させるべきでしょう。

いくら科学が発達しても、自然に反したことにはブレーキを踏むべきだということを、死に方で理解するのはあまりに辛いことだと思います。


人間として最期まで尊厳を持って生きていく。

これは誰もが持つシンプル、かつベーシックな権利。それが迷惑であるはずがありません。

本書ではあの世について、かなり踏み込んでお話ししました。あの世のことがわかってこそ、この世を精いっぱい生きることの意味がわかるからです。

「人は価値があるから生きるのではなく、生き抜くことに価値がある」

この言葉の意味を、みなさんにもわかっていただけましたら幸いです。

江原啓之（えはら　ひろゆき）

スピリチュアリスト。一般財団法人日本スピリチュアリズム協会代表理事。1989年にスピリチュアリズム研究所を設立。また、オペラ歌手としても活躍。吉備国際大学、九州保健福祉大学客員教授。『金霊（かねたま）人生を変えるお金の極意』（徳間書店）ほか『人間の絆』『自分の家をパワースポットに変える最強のルール46』『あなたが輝くオーラ旅　33の法則』（以上、小学館）など著書多数。

この世じまいの〝地図〟を手にすればもう迷わない

『あの世の歩き方』

2021年11月9日　初版第1刷発行
2024年 5 月15日　　　第5刷発行

著者　江原啓之

発行人　三井直也
発行所　株式会社　小学館
　　〒101-8001　東京都千代田区一ツ橋2-3-1
　　電話：編集　03-3230-5800　　販売　03-5281-3555

印刷　TOPPAN株式会社
製本　株式会社　若林製本工場

構成　やしまみき
装丁・デザイン　井関ななえ（Emenike）
表紙・総扉挿画　小野裕人
撮影　小倉雄一郎
ヘアメイク　（ヘアメイクワッズ）渡辺和代

販売　中山智子
宣伝　秋山優
制作　国分浩一
資材　斉藤陽子
編集　矢島礼子

ISBN-978-4-09-388842-4